青少年

能 力 培养课

社交

杜兴东 编著

全球经典的品质培养成长书系之一

你的人生第一课

北京出版集团

北京出版社

U0676534

图书在版编目（CIP）数据

青少年能力培养课．社交／杜兴东编著．— 北京：
北京出版社，2014.1
（青少年综合素质培养课）
ISBN 978 - 7 - 200 - 10288 - 8

Ⅰ．①青… Ⅱ．①杜… Ⅲ．①青少年—能力培养
Ⅳ．①G421

中国版本图书馆 CIP 数据核字（2013）第 282781 号

青少年综合素质培养课
青少年能力培养课　社交
QING-SHAONIAN NENGLI PEIYANGKE　SHEJIAO
杜兴东　编著
*
北　京　出　版　集　团 出版
北　京　出　版　社
（北京北三环中路 6 号）
邮政编码：100120

网　　址：www．bph．com．cn
北 京 出 版 集 团 总 发 行
新　华　书　店　经　销
三河市同力彩印有限公司印刷
*
787 毫米×1092 毫米　16 开本　12 印张　170 千字
2014 年 1 月第 1 版　2023 年 2 月第 4 次印刷
ISBN 978 - 7 - 200 - 10288 - 8
定价：32.00 元
如有印装质量问题，由本社负责调换
质量监督电话：010 - 58572393
责任编辑电话：010 - 58572303

前　言

　　一个冬天的夜晚。刚下过雪，路面上还有一些残留的冰。寒风瑟瑟地、毫不留情地吹在人们的身体上，有点刺骨。可是，天气的恶劣并没有影响这场活动的举行。在宾夕法尼亚饭店的大舞厅里，很快聚集了 2500 名美国各界成功的绅士和女士们。活动还没有开始，舞厅内早已座无虚席。有一些人没有座位，就在靠近门口的地方站着。越来越多的人聚集而来，于是在舞厅的外面，尽管寒冷一直在蹂躏着人们，可是仍然排起了很长的队伍。

　　这一天不是休息日，人们都是在经过了一天的劳累以后，跑到这里准备站上几个小时的。这是为什么呢？难道他们来观赏魔术表演？还是想看看那些超人气偶像的现场舞台？都不是。这些人是为了一则广告而来的。两天以前，他们看到了登在《纽约太阳报》上的一则广告，上面写着：如何增加你的收入？如何为你创造更多的财富？如何成为一个成功的领导者？如何在职场中应对自如……难道这又是老一套的骗人的伎俩吗？但是，不管你如何质疑，在这座全世界最世俗的城市里，人们还是顶着经济危机的压力，冒着寒冷，全然不顾一天的劳累站在了宾夕法尼亚饭店的门口，这的确证明着这场活动的魔力。

　　我们知道，《纽约太阳报》是一份保守的报纸，不可能为了一则荒谬的广告就砸了自己的招牌。而且，前来饭店的人士，大多是美国社会的名流。他们之中，有著名的记者，也有高级官员；有公司的老板，也有专业技术人员。他们的月平均收入都在几千美元或者几万美元。

那么，这些人到这里来究竟是要做什么呢？答案是：他们来这里听一个最现代也最实用的演讲——由戴尔·卡耐基研究中心举办，内容涉及了对这些成功人士最有吸引力的社交。他们既不想在这样寒冷的天气里观看魔术，也不想在劳累了一天之后还观看那些人气明星的表演，而是想学一些跟自己的生活和工作密切相关的商业交往、社交处世、职场生活中的现实而有效的建议，他们非常急切地想学习到这些知识，并且想马上将这些知识应用到现实生活中去。所以，人们才会在这种寒冷的天气里，甘愿在门外受冻，也要听一听如何才能具备高超的社交能力，如何才能用社交为自己的人生创造财富。

其实，社交本身并不是一个深奥的话题，它的普通解释是人际交往，而催生物就是人脉。人脉对于一个人的发展有极大的影响。美国石油大亨洛克菲勒在总结自己的成功经验时曾经表示："与太阳下其他所有能力相比，我更注重与人交往的能力。"正是洛克菲勒的人脉沟通能力，才成就了他的辉煌事业。而中国的财富排行榜中举足轻重的人物，如马云、唐骏等，他们同样是依靠人脉创造出自己的光辉事业的，就连"流行音乐教父"迈克尔·杰克逊，也要依靠人脉，才有机会向全世界的人们展示自己的音乐才华。

人脉就是你人生的财富。在发展的道路上，如果只依靠自己的力量，那么即使你是能力超群的人，也不可能取得成功，而如果有贵人相助，在关键的时候帮你一把，那么你的人生就将会出现转折。俗话说"近朱者赤，近墨者黑"，跟优秀者在一起的人，将变得更优秀，而跟一些"不易成功"的人在一起，就注定了只能在人后暗羡别人的成功。

由此可见，人脉对于我们的发展是十分重要的。可是，积累人脉却不是一件容易的事情。人际交往方面的专家认为，人脉的积累是长年累月的，是一种在生活中养成的习惯，并不是一件可以定时完成的项目。不管是一条人脉，还是由人脉延伸出去的人际圈子，都需要长期的关注和付出。可是，怎样才能更快、更好地拓展自己的人脉呢？

　　针对青少年成长的需要，我们编写了本书。在书中，我们结合了中国人际交往特有的"世故人情"和现实生活中与人交往的客观需要，扩展了人脉的内涵和外延，从人脉的自我修炼——情商与影响力开始，涵盖了人脉经营、场景应用、交友策略等多方面内容，是兼融实用性和时尚性的人脉大全。

　　衷心希望青少年朋友在翻开此书的同时，能够找到成功社交的密码，并从当下开始修炼，为未来找到一把开启幸福与成功人生的金钥匙。

目　录

第一章
社交，人生最有价值的投资

储存人脉胜过储存黄金

孤独并不是精神优秀者的命运。

谁都不是单独生活在社会中的个体。在生活中，我们难免会形成这样或者那样的关系，比如父子关系、朋友关系、夫妻关系；在工作中，我们也要处理同事之间的关系，上级和下属之间的关系。在处理这些关系的过程中，我们会形成自己的关系网，这就是我们的人脉。

有的人认为自己的能力强，个性独特，就不需要拥有人脉了。其实这样的想法是错误的，对于这样的人，社会会给予忠告："只依靠个人的力量取得成功的人，一定会付出超乎常人的代价。"

有的人认为自己已经积累了很多财富，无论精神上还是物质上，都十分富足了，不需要再考虑人脉的问题。这样的想法也是不对的。世界每天都在变化，你不可能每天都生活在自己单独搭建的小屋里而不与外界接触。即使你没有什么需要求助于别人，但你还有父母、亲戚、朋友、子女，你不能保证他们也不需要你为他们做任何事情。

在生活中，财富固然重要，可是储存黄金远远不如储存人脉重要。因为黄金是不可再生资源，花掉了，用完了，也就消失了，但是人脉不一样，你完全可以利用它创造更多的价值。有了人脉，你可能会有更大的发展，你的人生也会因为认识了越来越多的人而变得更加广阔。

每个人身上都有优点，如果身边的每一个人都能够将自己的优势利用在你的身上，那么你的力量将是无穷的。可是，生活中很多人并没有认识到这一点，他们紧紧地锁住自己，为的是能够全神贯注地拼搏。可是，他们不知道，当你集中了精神只守着自己的那一小块田地的时候，你已经失去了由人脉构建起来的更为广阔的沃土。

有一个叫作莱温的加拿大女孩，她的爸爸是当地有名的富翁。她大学毕业以后一直想自己开一家店铺，可是因为年轻，没有什么经验，在店铺刚开张的时候总是会有很多难处。这个时候，她想起了利用爸爸的社交网，从爸爸的朋友那里寻求帮助，结果那些富翁们看在她爸爸的面子上，给了她很多帮助，她也最终在商界站住了脚跟，并把事业做得越来越大。

由此可见，你若想成功，就必须有别人的支撑。任何一个只想依靠自己的实力获得发展的人，都将会承受更大的压力，受更多的苦。

因为一个人的力量是十分有限的，许多问题往往不是一个人能够独自解决的。当问题无法解决而陷入僵局时，你就必须请教能为你指点迷津的人，请他们帮助你，给你建议，以便顺利解决问题。所以，不要再执迷于自己的力量，从现在开始储备你的人脉吧。等到若干年以后，你就会发现，这些人脉为你的人生价值的提升，已经远远超过了储备黄金所创造出来的价值。

个人大部分的成就总是蒙他人之赐

借他人之力，使他人为自己服务，才得以让自己能够高居人上。

荀子说："假舆马者，非利足也，而至千里。假舟楫者，非能水也，而绝江河。"荀子有"君子性非异也，善假于物也"的东方智慧，牛顿也有"踩在巨人肩膀上"的西方智慧。这两种智慧交融在一起，就能说明一个道理：个人的成功，必须借助于他人的力量。

一个初入社会的人，需要寻求他人的帮助，借他人之力，方便自己。即使你有很强的能力，也需要别人的帮助。因为就算我们浑身都是铁，也打不了几枚钉。只有借助于他人的能量，我们才能"成才成器"。

不过，通常我们所说的"他人"只是一个泛泛的概念，有些不着边际，而且这些"他人"大多都是你不太熟悉、关系也一般的人，他们大多都不能像朋友一样给予你实际的、具体的帮助。朋友却总给你各种各样的帮助。你遇到危难，他们可以帮你排忧解难，渡过难关；你吉星高照时，他们会为你抬轿捧场。朋友，是一个特定的圈子。圈子虽小，作用却难以估量。

"利用"并不是完全丑恶的，它来源于人们在现实生活中各取所需的关系。一个人，无论在事业、爱情，还是生活等各个方面，都离不开人与人之间的相互利用。借朋友之力，正是一个人高明的地方。在自然界也是如此，动物们相互利用，以有利于捕猎、取暖和生殖。兽王更是利用了彼此之间的关系，以及在这种关系基础上建立起来的秩序和习惯，以尽情享受：可以吃得最多、最好，可以占有最美的雌性和最年轻的雌性，等等。而要单的动物，被淘汰者居多，无论其多么凶猛强悍，如老虎、狮子、独狼，等等。群居动物则容易繁衍和生存，如蚂蚁、蜜蜂、家鸡等，因为它们相互借助了对方的力量，哪怕是极微弱的力量。

就社会和自然状况来看，孤单的斗不赢拉帮结派的。一个人在社会中，如果没有朋友，没有他人的帮助，他或她的境况会十分糟糕。普通人如此，一个成就大事业的人更是如此。如果失去了他人的帮助，不能利用他人之力，任何事业都无从谈起。

借朋友之力，使他人为自己服务，以让自己能够高居人上，这是一个人高明的地方。尤其对自己所欠缺的东西，更要多方巧借。

黄巾乱世之中，刘关张邂逅相遇，桃园结义，成就了千古美谈，也奠定了西蜀国的根基。以后三分天下，刘备始为皇帝，关张也成开国元勋、西蜀重臣。回头看看，刘关张结义之时，三人均是草民。刘备虽是汉室皇亲，却落得流浪街市，贩席为生。张飞只是一个屠夫、粗人。关羽杀人在逃，无处立身。三人结义后，彼此借势，相得益彰。董卓之乱时，吕布为枭雄。刘关张大战吕布，却只打成平手，可见吕布何等英雄。但吕布匹夫无助，枉自豪勇，最终为曹操所杀。而刘关张在三国中彼此相仗，日益得势，最终立国树勋。

这是一个朋友之间相互借力而得势的典型例子。除此之外，西汉的刘邦也是一个善借他人之力的人。

刘邦出身低微，学无所长，文不能著书立说，武不能挥刀舞枪，但刘邦生性豪爽，善用他人，胆识过人。早年穷困时，他身无分文，却敢独座上宾。押送囚徒时，居然敢私违王法，纵囚逃散。以后斩白蛇起义，云集四方豪杰，各种背景的人都为他所用。如韩信、彭越、英布，这些威震天下的英雄，原先都是他的死敌项羽手下的人。至于刘邦身边的文臣武将，如萧何、曹参、樊哙、张良等，都是他早期小圈子里的人，萧何、曹参、樊哙更是刘邦的亲戚。他们在楚汉战争中劳苦功高，最终帮助刘邦建立了西汉王朝。

可以说刘邦能够成就自己的帝王之业，离不开他们。不仅帝王将相需要借他人之力，就是平民百姓也离不开朋友。人生活难免会遇到一些沟沟坎坎，大事小情，自然需要他人的帮助。

俗话说："一个好汉三个帮，一个篱笆三个桩。"好汉离不开帮手，篱笆要站稳，也离不开桩的支撑。这都是在讲个人的成就需要利用他人之长，借助朋友之力。

个人大部分的成就总是蒙他人之赐。他人常在无形之中把希望、鼓励、辅助投射入我们的生命中，常使我们的各种能力趋于锐利。要善于借助别人的力量，让弱小的自己变得强大，让强大的自己变得更加强大，使自己的成功更持久。

天堂是由自己搭建的

世界上有两种人：索取者和给予者。前者也许能吃得更好，但后者绝对能睡得更香。

杰克拥有一个美丽的莲花池。那其实是他在乡下住宅附近的一片天然洼地，他坚称他在乡间的宅邸为他的农场，水从远处山丘上的蓄水池中流入这片洼地，其间还要通过一个可调节水流大小的阀门开关。一切是那么的和谐美满。到了夏天，澄澈的水面上就会铺满怒放的莲花，鸟儿们在池中自由嬉戏，从早到晚都能听到它们的奏鸣音。蜜蜂则在花园中的野花上忙碌不辍。极目远眺，池塘的后面是一片更加美丽的丛林，野生的浆果、灌木、蕨类植物争相盛开热闹极了。

杰克是一个平凡的人，但他拥有着一颗博爱的心。在他的领土上，你看不到"私人所有，不得擅入"或"擅入必究"的字样。取而代之的是原野尽头那让人倍感亲切的标语："这里的莲花欢迎你。"他得到了所有人的由衷爱戴，原因很简单，他真诚地爱着所有人，并愿意与他们分享他的一切。

在这里人们常能碰到正在玩耍的天真孩子和风尘仆仆、步履蹒跚的旅人，不止一次看到他们离去时面上那与来时全然不同的神情，仿佛卸下了身上的重负，直到现在人们的耳边似乎还能听到他们离去时的低声呢喃和祝福。有些人甚至把这里称为世外桃源。闲暇时作为主人的他也会在此静坐享受夜晚的寂静。当外人离去后，他趁着皎洁的月光在园中往来踱步或坐在老式的木质长椅上伴着芬馥的野花香喝点什么。他是一个具有一切美好品质的人。用他自己的话说，这里是他一生中最伟大、最成功之处，经常带给他莫名的感动。

毗邻的一切生物仿佛也能感受到这里散发出的亲善、友好、宁谧、欢欣的气氛。牛羊们会漫步到树林边古老的石栏下，张望着里面美好的景致，我想它们真的是在跟我们一起共享这份温馨。动物们面带微笑昭示着它们的心满意足和欢欣愉悦，或许这就是他的心中所求吧，因为每当此际他也会露出会心的微笑，表示他能理解它们的心满意足和欢欣愉悦。

水源的供给原本丰沛，水池的进水阀又总是开到最大，这让水流婉转而下，不仅在栏边驻足的牛羊能饮到甘甜的山泉，邻家的田园亦可受惠。

不久前杰克因事不得不离开大约一年的光景，这段时间里他把房子租给了另外一个男人，新租客是位非常"实际"的人，他决不做任何无法给他带来直接利益的事。连接莲花池与蓄水池之间的阀门被关闭了，土地再也得不到泉水的滋润和灌溉；朋友立起的"这里的莲花欢迎你"的标语也被移走；池边再也见不到嬉戏的顽童和欣慰的旅人。总之这里发生了天翻地覆的变化，再不复往昔林木欣欣向荣、泉水涓涓而流的样子。池里的花朵因失去了赖以生存的水源而日渐凋零，只有伏在池底烂泥上枯萎的花茎还在向人们诉说着往日的热闹。原本在清澈的池水中悠然而动的鱼早已化为枯骨，走近池边便能闻到它们发出的腥臭。岸边没有了绽放的鲜花，鸟儿不再停留于此，蜜蜂们已移居他处，园中亦不见蜿蜒的流水，栏外成群的牛羊再也饮不到甘甜的清泉。

如我们所见，今天的莲花池与杰克悉心照料的莲花池已有天壤之别。细究之下，造成这一切差别的原因却微不足道，仅仅是因为后者关闭了引水的阀门，阻止了来自山腰的水流。这个貌似简单的举动，掐断了一切生物的生命之源。它不仅毁掉了生机盎然的莲花池，还间接破坏了周围的环境，剥夺了周围邻居们与动物们的幸福。

看了这则故事，你是否对生命的真谛有了新的感悟？在这个关于莲花池的故事中，杰克那种博爱的胸怀就是宇宙间最真、最美的东西。

因为关爱别人，所以自己也收获了优美的风景。可是，这一切，只要你能够主动一点，细心一点，你就能够做到。所以，在人际交往中，想要拥有自己的人脉并不是一件困难的事情，只要你能积极主动，肯为对方着想，那么即使是一个微小的细节，也可能让你收获到别人的关爱。

天堂是由自己搭建的，你的人脉也取决于你自己。那么还等什么呢？抓紧时间构建你的人脉网吧。

投资界的口号："投人，投人，投人！"

只有与人交往才有可能掌握真正的现实社会，进而延伸自己的世界观。

经济大发展的环境下，很多人都热衷于投资。可是，人们反复强调的投资对象不是黄金，也不是房产，而是人脉。为了表达众多投资者观念的一致性，投资界甚至制定出了一个新的口号，那就是："投人，投人，投人！"由此可见，在投资者眼中，人脉已经成为了一种资产，而且存在再升值空间。

这样的说法是没错的，人脉确实是一笔无形资产，而且是一笔不可忽视的巨大财富。对于企业而言，经营人脉是事业健康、持续发展的关键。对于个人而言，经营人脉更能助自己一臂之力，平步上青云。

1. 以人为镜，可以明得失

一般人都爱犯一个毛病，就是自以为最了解自己。事实上，我们对自己的所知极为有限，几乎无法具体地描述自己的个性、能力、优点和缺点。正所谓"当局者迷"，当你以为"这就是真正的自己"时，通常只看到"有意识的自我"和"行动的自我"，但这些都只是自我的一部分而已。

我们很难把握自己，唯一的办法就是拿自己与周围的人比较，或者在与人的交往中逐渐看清楚别人眼中的自己。有时候，一个人必须在多次受到长辈的斥责和朋友的规劝之后，才能恍然大悟，了解到真实的自我。可以说，除非有别人作为镜子，否则你永远不会知道自己是什么德行。

2. 知己知彼，百战不殆

所谓"知己知彼，方能百战不殆"，强调的是你必须掌握竞争对手的特点、动向。比如他们是否重视教育训练？是否鼓励员工进修以加强他们的技能？他们在同业中的名声如何？是否参加商展？有没有加入商业性组织？

你的人脉网是了解这些信息的最佳渠道，而且大部分真实可靠。你的朋友只会帮你，而不会去帮你的竞争对手。

当然在了解竞争对手的情况后，重要的是取长补短：优势要保持，差距则应该努力缩小。

3. 积累生活财富

我们习惯于从日常生活中了解这个社会，殊不知别人的生活经验、书报杂志和传播媒介也可以帮助我们了解这个社会。可是从生活体验中捕捉到的社会毕竟太有限了，就如"井蛙窥天"一样，使我们不能作出准确的判断。报纸和其他传播媒介所提供的也只不过是一张"地图"，光靠这张地图，也难以控制活生生的现实。像这样经由褊狭的个人经验塑造出来的世界观，都能随着不断扩大的人际关系慢慢得到修正。我们都记得刚从学校毕业时，父母师长训勉我们："外面的世界很精彩。"的确，外面的世界和我们理想中的世界大不一样。简单地说，只有与人交往才有可能掌握真正的现实社会，进而延伸自己的世界观。

正泰电器老总的亲身经历就是一个最好的例证。13岁的南存辉因为父亲卧病在床，只好辍学当了一名小鞋匠。南存辉一手出色的修鞋手艺，使他结交了十里八乡走南闯北的生意人。南存辉从这些做生意的朋友那里了解到，社会正在发生着巨大的变化，国家开始允许个人经营了。当时全国五金电器市场资源短缺，柳市镇的许多人开始从事旧机器回收工作，他们将机器零件拆卸清洗，再当作零配件卖出。

南存辉意识到自己开创新事业的时机成熟了。他拿出修鞋积攒的积蓄，和几个伙伴开了一个电器门市。从这个小门市起步，南存辉的事业如日中天。十几年后，他的小门市发展成了今天的大型企业集团——正泰电器。

仔细搜寻一下你的人脉中，你有多少朋友？你是否能够像南存辉一样从朋友那里获得成功的机遇？如果答案是否定的，那么你就应该去发展去"投资"了。

我们的一生中会受到无以计数的人影响，这些人可能是父母、亲友，也可能是自己的上司和同事，还有可能是世界各地的人。从他们身上，我们可以看到自己，观察社会，同时也可以从他们的生活态度了解到不一样的人生。

第二章
非权力影响力营造社交"圆舞曲"

靠精神的力量"呼风唤雨"

生活给我们的选择题就是：要么你去影响他人，要么你被他人影响。

影响力是一种独特的魅力，它不同于能力，能够让其他人在短暂的实践中就能感觉到；它也不同于智力，可以通过不同的事情被大家推测出来。影响力就如同一股不被人察觉的精神魅力，时时刻刻影响着我们，也时时刻刻影响着我们周围的人。

任何人都不能摆脱影响力的作用，所以生活给我们的选择题就是：要么你去影响他人，要么你被他人影响。很多人不甘于做后者，所以他们很希望把自己锻炼成一个精神上的领袖，让自己随时都能影响到别人，发挥出自己的作用。

可是，精神领袖并不是人人都可以当的。因为，想要成为精神领袖，让周围的人们追随你，形成一个凝聚人心、催人奋进、具有强大吸引力的领导核心，仅仅依靠体制和职务赋予的权力是远远不够的。它还应该建立在由宽广的胸怀、完美的领袖艺术、高尚的人格魅力等方面构成的个人权威之上。

在封建社会，统治者为了加强君权，经常采用的一个手段便是极力美化君主的人格。只有这样，才能加强君主对人民的精神感召力量。"神圣者王，仁智者君，武勇者长，此天之道、人之情也。"统治者总是力图使人民相信：君主的人格是完美的，君主即代表着伟大、睿智、圣明、仁德、英武。

事实上，古代君主不仅不可能完全具备上述美德，而且也不需要在实际上去追求这些美德。他们所要做的，仅仅是一番虚伪的表演，只要在臣民心目中造成君主人格神圣完美的假象，就算达到了目的。对于一位封建君主来说，虽然没有必要具备全部的美德，但是很有必要显得具备这一切品质，要表现得慈悲为怀、恪守信义、合乎人道、清廉正直。尽管封建君主在政治实践中"常常不得不背信弃义、不讲仁慈、悖乎人道、违反神道"，但应当十分注意，千万不要从自己的口中露出一言半语违背上述美德的话，并且要注意使那些看见君主和听到君主谈话的人都觉得君主确实是一位"慈悲为怀、恪守信义、讲究人道"的人。这样才能营造君主"顺应民心"的假象，为自己笼络一大批忠心追随的信徒。

西汉末年，每逢遇到水旱等自然灾害，野心家王莽便拥有了表现"美德"的机会。"每有水旱，（王）莽辄素食"，皇太后大为感动，特下诏褒扬慰劝："闻公菜食，忧民深矣。今秋幸孰，公勤于职，以时食肉，爱身为国。"

王莽是否真的因"忧民"而不食荤腥，时人不得而知，但这番沽名钓誉的表演，确实收到了效果，大大增加了王莽的政治资本。

从积极的角度看，封建统治者非常重视提升自己的人格魅力，以此来加强自己的精神感召力和影响力，让人们心甘情愿地追随自己。

在现代社会也是如此，你必须不遗余力地提升自己的精神感召力，才能让别人心甘情愿地追随你，为你做事：如果你是一个领导，那么你必须有很强烈的精神感召力，才能让你的下属心甘情愿地听你指挥、调度；如果你是一个普通人，也需要让人感受到你的精神魅力，这样才能在自己的圈子里树立威信，让别人尊敬你、爱护你，并且在你需要的时候，能够给你提供帮助。

精神力量能让人与人之间达到共通。所以，要想在社交场内"呼风唤雨"，就必须要依靠自己的精神魅力打动他人。

看起来就像个成功者

看起来像个成功者，你就是成功者。

对于经常出现在媒体上的政治家来说，他们的形象对选票的影响能够千百次地证明"看起来就像个成功的人"的重要性。政治家们只有经得起千千万万个选民的百般挑剔才能够走向自己的成功大道。因此，"看起来像个有影响力的领袖"对于政治家们来说，是获取选民信任的第一个至关重要的条件。正是这种"看起来像"的魅力，使里根、克林顿、肯尼迪、希拉克、撒切尔夫人等人满足了选民对领袖形象的要求而实现连任。杰出的政治家都深刻地认识到了"看起来像个领袖"在选民中的重要影响，所以都会雇形象设计师及沟通交流专家、社会心理学家为他们塑造一个能表现自己最佳形象的模式，对影响自身形象的所有因素，包括服饰、发式、声音、手势、姿势、表情等进行精心的设计。

在西方政治家竞选时，竞选人的幕后策划班子里四个最不能够缺少的专业人才之一就是形象设计师。他们存在的价值就是要让竞选人看起来就像是个能够胜任领袖职位的人。如果看起来不像个有影响力的领袖，无论你的政治观点多么深入人心，也会失去很多追求"魅力领导人"的选民。不仅是在政坛，这样的例子在西方的商业界也数不胜数。因为他们深刻理解"看起来像个成功者"的形象对事业的促进作用。成功者如果忽略了对自己外在形象的维护，看起来不像个成功的人，是难以得到别人的尊重的。在这一点上，深受英国人影响的香港人"深明大义"，越是有影响力的人，越注意自己的社会形象。李嘉诚之子李泽楷的公司里有四个副总裁专门负责公司形象和他的个人形象，甚至连什么场合穿什么服装，表现什么样的风格，都有专门的班子为其策划。

1960 年尼克松与肯尼迪竞选时，尼克松似乎忽视了对自己外表的包装，而肯尼迪懂得如何利用自己的外在优势获取选民的信任。几十年过去了，他的形象和影响力一直让人难以忘怀，甚至成为世界领袖的标准形象。

克林顿就受到了肯尼迪的影响，从小立志从政，他以肯尼迪为榜样，终于成为美国总统。在克林顿的身上，正反两面，都有肯尼迪的影子。尽管他是美国历史上丑闻最多的总统，但是他在每一次事件中都能够安然过关，人们一次次由于他富有影响力的形象而原谅他的不检点。相比之下，尼克松仅因一次"水门事件"就被迫离开了白宫。

克林顿的夫人希拉里，在克林顿当选之前，曾是女权运动者。她的服装无意识中就展示了女权运动者的形象：她戴着学究式的黑色宽边眼镜，穿着具有女权主义形象的大格子西服。这种形象违背了美国人心目中高贵、优雅、母性的第一夫人的形象，曾一度影响了克林顿的选票。新的形象设计班子顺应美国人民的心理，用充满女性韵味的色彩时装代替了男性化的、乏味的女权主义服饰，为她设计了时尚的发式；用隐形眼镜换掉了迂腐的、学究式的黑边眼镜；用温和改良主义的言辞代替了激进、偏激的语言。希拉里的新形象接近了美国选民对于第一夫人的期望，她展示出的既有女性魅力又有女性的独立、强大和智慧的第一夫人的形象为克林顿的政治影响力增添了不可磨灭的光彩。

曾是女权运动者。她的服装无意识中就展示了女权运动者的形象，西方心理学家们对有影响力的领导人和成功者的研究结果，为追求做领导的人提供了丰富的参考价值，帮助无数向往有影响力的人少走了很多弯路，节省了许多时间。

"看起来就像个成功者"对于追求成功的人而言更加重要，在外形上接近有影响力者是一个人在思想和行动上走向成功的最关键一步。因为在人们的意识中，具备这种成功形象的人大都是已经有影响力的人，因此，"看起来像个成功者"能够让你得到以下益处：

（1）感受成功者的自信；

（2）激励自己走向成功，拥有像成功者那样的举止、行为；

（3）被人们首先认可为具有潜力的成功者。

因而，当成功的机会到来时，你就是成功者！

嘴巴革命：说出你的影响力

发生在成功人物身上的奇迹，一半是"说"出来的。

这是一个讲究人际沟通的时代，这是一个以口才赢天下的时代。美国成功学大师戴尔·卡耐基说："当今社会，一个人的成功，仅仅依靠技术知识是不够的，还需要发展人际关系及有效说话等软本领。"由此可见口才艺术的影响力，掌握说话的艺术，已经成为现代人成功的必备条件。

当今世界，亦有不少领袖、企业家、名人凭借口才而名震一时的佳话。而在众多的"善言之士"中，我们不能不提一提马云，这个互联网时代的口才奇人。相信没有人不知道淘宝网、阿里巴巴商务网、支付宝这"网络三宝"，而它们的缔造者，便是中国互联网风云人物——马云。有一位风险投资家曾这样评价马云："他就是不做 IT 业，不做阿里巴巴，做其他任何行业，凭他的口才，也一定能做到顶尖级高手！"

为了宣传阿里巴巴，1999 年至 2000 年，马云不断参加全球各地尤其是经济发达国家的所有商业论坛，凭借他的嘴巴宣传他全球首创的B2B（企业间的电子商务）思想。马云是一个疯狂的演说家，他一个月内可以去三趟欧洲，一周内可以跑七个国家。每到一地，他总是不停地演讲，他在 BBC 做现场直播演讲，在麻省理工学院、沃顿商学院、哈佛大学演讲，在世界经济论坛演讲，在亚洲商业协会演讲。马云就像一台永动机，一旦开启，永不停歇。无论在哪儿演说，马云总是充满活力和热情。他挥舞着他那干柴一样的手，对台下的听众大声叫道："B2B 模式最终将改变全球几千万商人的生意方式，从而改变全球几十亿人的生活！"

很快，马云和阿里巴巴在欧美声名鹊起，来自国外的点击率和会员呈暴增之势。连《福布斯》和《财富》这样重量级的财经媒体也在关注马云和阿里巴巴。

就这样，马云通过富有激情的演说达到了宣传阿里巴巴的目的。

马云"6分钟融资"的故事，在商界也广为流传。

那是1999年10月的一天，当时，马云没名、没钱、没经验，而孙正义是软银集团董事长、当时的亚洲首富，他是雅虎最大的股东，被称为"网络风向标"。孙正义对马云说的第一句话是："说说你的阿里巴巴吧！"于是马云开始讲公司的定位、发展目标。本来马云准备讲一个小时，可是刚刚开始6分钟，孙正义就从办公室那一头走过来，说："我决定投资你的公司！"那一次，孙正义给了马云2000万美元。

软银公司总裁孙正义在与马云首次会面，仅仅交谈了6分钟后，就决定为其投资2000万美元。这一切，固然有实力因素做基础，但同样也证明了马云口才的魅力。

凡此种种，无不诠释着这样一个道理：虽然马云的成功不仅仅靠口才的力量，但卓越的口才确实助马云走向了成功。

生活在"嘴巴革命"的时代，拥有一副好口才会使很多创业者在成功之路上如虎添翼。

在有限的时间和空间之内，哪怕是初次见面的一次晚餐中，卓越的口才都能让你一展才华，脱颖而出，令人耳目一新，印象深刻。一段精彩的对话，有时会让人终生难忘，你的形象和你的故事会一起被新朋友们长久地储存在记忆深处。

为什么卓越的口才能让你具有无穷的吸引力呢？主要是因为卓越的口才中闪烁着睿智的光芒。口才卓越的人思路敏捷、反应迅速，即使是面对复杂的环境和场合，也能从容不迫地妙语惊人，化险为夷。

没有自信就别想成功

因为自信，你的神态、语气、仪态等，都在无声无息地、由里向外地散发着魅力。

有一天，著名的成功学专家安东尼·罗宾在自己的办公室里接待了一个走投无路、风尘仆仆的流浪者。

那人进门打招呼说："我来这儿，是想见见这本书的作者。"说着，他从口袋中拿出一本名为《自信心》的书，那是安东尼许多年前写的。

安东尼微笑着示意流浪者坐下。流浪者激动地说："一定是命运之神在昨天下午把这本书放入我口袋中的，因为我当时决定跳到密歇根湖，了此残生。我已经看破一切，认为一切已经绝望，我什么事情都做不成，没有人能够接纳我。但还好，我看到了这本书，使我产生了新的看法，为我带来了勇气及希望，并支持我度过昨天晚上。我已下定决心，只要我能见到这本书的作者，他一定能帮助我再度站起来。现在，我来了，我想知道你能替我这样的人做些什么。"

在他说话的时候，安东尼从头到脚打量了流浪者许久，发现他眼神茫然、满脸皱纹、神态紧张，一切都在向安东尼显示，他已经无可救药了。但安东尼不忍心对他这样说。

听完流浪者的故事，安东尼想了想，说："虽然我没有办法帮助你，但如果你愿意的话，我可以介绍你去见本大楼的一个人，他可以帮助你东山再起，重新赢回原本属于你的一切。"安东尼刚说完，流浪者立刻跳了起来，抓住他的手，说道："看在上帝的分上，请带我去见这个人！"

他会为了"上帝的分上"而做此要求，显示他心中仍然存在着一丝希望。所以，安东尼拉着他的手，引导他来到进行个性分析的心理试验室里，和他一起站在一块看来像是挂在门口的窗帘布之前。安东尼把窗帘布拉开，露出一面高大的镜子，流浪者可以从镜子里看到自己的全身。安东尼指着镜子说："就是这个人。在这个世界上，只有一个人能够使你东山再起，除非你学会信任他，并且觉得他能够做成任何事情。否则，你只能跳进密歇根湖里，因为如果连你自己都不能相信自己，那么这个世界上将不会再有人相信你，你也就不能再做成任何事情。这样一来，无论是对于你自己还是这个世界，你都将是一个没有任何价值的废物。"

流浪者朝着镜子走了几步，用手摸摸他长满胡须的脸孔，对着镜子里的人从头到脚打量了几分钟，然后后退几步，低下头，开始哭泣起来。过了一会儿，安东尼领他走出电梯间，送他离去。

几天后，安东尼在街上碰到了这个人，而他已不再是一个流浪汉形象。他西装革履，步伐轻快有力，头抬得高高的，原来那种不安、紧张的神态已经消失不见。他说，他感谢安东尼先生，是安东尼让他找回了自信，让他有勇气面对生活中的一切，并且很快找到了工作。

后来，他果然东山再起，成为了芝加哥的一个大富翁。

从这个人的经历中可以看出，自信对于一个人的成功起着至关重要的作用。自信是成功的第一信念。《成功心理》的作者丹尼斯·华特利在书中写道："成功者都具有实现自我价值的坚定信念。他们的自信表现不会像其他人一样被失败的心理摧垮。"没错，世界上伟大的创造型天才们都充满了自信。这种自信是一个成功者必须具备的基本条件。因为一个人如果连自己都不相信，就没办法取得别人的信任。

自信的态度，不仅会影响自己的生活，还会对周围的人产生影响。美国形象设计大师鲍尔说："成功男人的风格反映在外表，而优雅来自内在，它是你的自信及对自己的满意，它通过你的外表、举止、微笑展示。"如果在生活中认真观察，你就会发现自信是具有极大的感染力的。因为自信，你的神态、语气、仪态等，都在无声无息地、由里向外地散发着魅力。而这种魅力的力量，就会让你更具吸引力，结交更多的朋友，获得更多同事的追随，得到上司的青睐，并最终问鼎成功。

第三章

打造事业人脉的长尾效应

事业的成功 = 15% 的专业技术 + 85% 的人际关系

美国石油大亨洛克菲勒说：与太阳下所有能力相比，我更关注与人交往的能力。

或许你没有去过好莱坞，但是绝不会不知道在好莱坞最流行的一句话——"成功，不在于你知道什么或做什么，而在于你认识谁。"激励大师安东尼·罗宾也说过这样的话："人生最大的财富便是人脉关系，因为它能为你开启所需能力的每一道门，让你不断地成长，不断地贡献社会。"可见人际关系的重要性。

在一家信息公司开展的关于"哪类因素对职业生涯影响最大"的一项调查中，"个人能力"被大家公认为第一要素；其次有 30.77% 的受访者认为机遇起着决定性的作用；人际关系的因素被排在了第三位，有 17.3% 的受访者感受到了人际关系的重要性。其实这三样并不矛盾，往往具有累积加倍的功效。如果你有能力，而且在能力之外还有良好的人际关系，那么结果一定会是一分耕耘，数倍的收获。

调查中还发现，男性比女性更关注人际关系对职业生涯的影响。同时随着工作时间的增加，人们对于人际关系在职场中的作用也更加看重，国企的职员对于人际关系的关注度要高于其他类型的企业。

每一个伟大的成功者背后都有另外的成功者。没有人是靠自己一个人达到事业顶峰的，假如你决心成为出类拔萃的人，千万不能忽视人际关系。

众所周知，在美国前总统克林顿成功竞选的过程中，他的拥有高知名度的朋友们扮演着举足轻重的角色。这些朋友包括他小时候在热泉市的玩伴，年轻时在乔治城大学与耶鲁法学院的同学，以及当学者时的旧识等。他们在克林顿最需要他们的时候，给予了适时的帮助，并且在他最困惑不前的时候，给他指点迷津，告诉他应该怎样做。最终，克林顿当选了那一届的美国总统。

由此可见，在做事情的时候，如果单靠自己的力量，未必能够把事情做好。成大事的人，往往善于结合他人的智慧，为自己搭建一片广阔的天地。

美国石油大亨洛克菲勒在总结自己的成功经验时曾经表示："与太阳下所有能力相比，我更关注与人交往的能力。"正是洛克菲勒的这种超卓的人脉沟通能力成就了他辉煌的事业。

曾任美国总统的西奥多·罗斯福曾说："成功的第一要素是懂得如何搞好人际关系。"的确如此，在美国，曾有人向2000多位雇主做过这样一个问卷调查："请查阅贵公司最近解雇的3名员工的资料，然后回答：解雇的理由是什么。"结果是无论什么地区、无论什么行业的雇主，2/3的答复都是："他们是因为不会与别人相处而被解雇的。"

很多成功人士都深刻意识到了人脉资源对自己事业成功的重要性。曾任美国某大铁路公司总裁的 A.H. 史密斯说："铁路的95%是人，5%是铁。"美国成功学大师卡耐基经过长期研究得出结论："专业知识在一个人成功中的作用只占15%，而其余的85%取决于人际关系。"所以说，无论你从事什么职业，学会处理人际关系，你就在成功路上走了85%的路程，在个人幸福的路上走了99%的路程。无怪乎美国石油大王约翰·D. 洛克菲勒说："我愿意付出比天底下得到其他本领更大的代价来获取与人相处的本领。"

所以，你要想成功，就一定要营造一个适于成功的人际关系。一个没有良好人际关系的人，即使再有知识、再有技能，同样得不到施展的空间。

史玉柱 VS 陈天桥：高手只与高手对弈

通常情况下，高手并不会因为自己是高手而窃喜，反而会为了找不到对手而落寞。

武侠当中隐人高士总苦于没有对手，芸芸众生仿佛只有他最孤独。一人独大难道不好？当然。真正的高人只有棋逢对手才能体会片刻快感。商场之中，真正的"大鳄"无暇顾及"虾米""小鱼"，只有在与同为"大鳄"的他人的搏杀中，他们才能体会到超越自己的快感，并且能够从中吸收对方的养分，逐渐完善自己。

史玉柱和陈天桥就是这样两个对手：一个是拥有百亿资产的巨人集团老总，一个是曾经的中国首富、盛大集团董事长；一个四十多岁，一个三十出头。他们在不同的领域发家，却因为网游进行了一场"大战"。

陈天桥是网游发家的"鼻祖"。2002年盛大运营的网络游戏《传奇》在线人数突破50万，月平均销售额千万元，在中国拥有65%以上的市场占有率，成为中国互动娱乐产业的领军者。随着盛大上市，陈天桥一夜之间成为拥有90亿元人民币的中国首富。

史玉柱先做电脑汉卡，再经营脑白金、黄金搭档，在保健品行业杀出一片天后，又转投网游世界。史玉柱本身就是游戏迷，为了使自己的级别升高，还雇人替自己打怪兽，增加级别。他曾经向陈天桥请教过网游的问题，完全是一副外行的样子，可是任陈天桥怎么也没想到的是，这个游戏的"门外汉"竟然会变成他日后最大的竞争对手。

史玉柱当然不敢轻视陈天桥，为了与陈天桥等"大佬"级人物竞争，他在首次推出自己的网游《征途》时即宣称免费，却因为消息走漏，陈天桥率先宣布自己公司的游戏免费，抢得部分先机。免费带来的直接后果是收入的减少，盛大第四季度网游收入比上季度锐减

30.4%，而因为《征途》从最初的设计就遵循"永久免费，靠卖道具赚钱"的原则，所以并未受到丝毫影响，反而因此大赚一笔，真正地抢得先机，打响进军网游界的头炮。为了继续和陈天桥竞争，史玉柱投入巨额资金。"网游就是烧钱的。没有几千万元，你就没法把设备硬件配齐。""前面4000万元大部分花在薪水上，200多人在干活，这些人没有八千一万养不起。""优秀的游戏设计师价值千万年薪。"

史玉柱还通过一系列的创新赶超对手，而这些措施的实施，每一项都需要大量的投入。高财力的消耗，几乎让史玉柱走近了绝境。

竞争是残酷的，可是在竞争中，史玉柱一直在思考，怎样才能突破对手的围追堵截。胜与败之间，史玉柱变得成熟了。他终于明白了怎样经营游戏行业，并一举超过了他的对手陈天桥。

很多人说，史玉柱之所以取得今天的成功，与他性格中的"好赌"有关：永不服输，不畏惧行业先驱，即使没有十足的把握，也要拼出一片天。在与陈天桥的这场网游大战中，史玉柱是胜利者，他的种种招数令盛大掌门人有些招架不住，体现自己价值的同时，也获得了高额利润。其实，在我们看来，史玉柱从开始不懂游戏，到开始玩游戏、最后经营游戏的成熟过程，其中有一个不可忽视的原因，就是他有着一个强大的对手——陈天桥。

史玉柱在与陈天桥的竞争中，看到了自己的不足，也看到了自己的优势。尽管这个对手非常强大，随时都可能给他致命的一击，可是当他从对方的手底下找到了突破的先机时，他本身也就变得越来越强大了。

所以，一个想做大事的人，必须要选择一个好的对手，只有在跟高手的对弈中，你才能逐渐地完善自己，并最终成为一个高手。

"怀才不遇"往往是他人造成的

不是没有伯乐，而是他人的身影挡住了伯乐能够发现你的光线。

如今，"怀才不遇"好像成了很多年轻人的一种通病，他们普遍症状是，牢骚满腹，喜欢批评他人，有时也会显出一副抑郁不得志的样子，和这种人交谈，运气不好的时候，还会被他批评一顿。

当然，这类人中有的的确是怀才不遇，由于客观环境无法与之适应，"虎落平阳被犬欺，龙困浅滩遭虾戏"。但为了生活，他们又不得不委屈自己，所以生活得十分痛苦。

难道现实中有才的人都是如此吗？不，尽管有时会出现千里马无缘遇伯乐的情况，但如果你真是一匹千里马，你就应该知道伯乐对于你的重要性。一次错过伯乐，并不代表你永远会错过他，只要你肯努力寻找，就一定会看到他的身影。

可是在现实生活里，并不是所有的"怀才不遇"者都是因为遇不到伯乐，而是因为他们没有处理好与他人的关系，致使别人挡住了伯乐发现你的视线，让你错过了发挥自己才能的机会。

孟宁是名牌大学的毕业生，尽管参加工作不久，但是头脑灵活、能力出众。唯一的不足就是不会用心去维护与同事之间的关系。有时候，同事之间约着出去玩，叫她一起去的时候，她总是表现出不耐烦的样子，用极其生冷的话拒绝别人。有同事要她帮忙的时候，她也认为是不值得做的事情，不屑于浪费自己的时间。

由于公司经营上的变动，总经理很快希望在公司内部找到一个能力出众的人来担任他的专属秘书。这样的机会在平时是很少见的，因为总经理的秘书通常都是外聘的。

总经理想到了平时表现很好的孟宁，觉得她有足够的能力胜任秘书一职，可是当总经理进入办公室里对孟宁进行最后的审核的时候，所有人都投了反对票，因为大家都认为，一个不懂得维护同事之间关系的人，就不会懂得维护与高层甚至客户的关系，这对于公司的发展只会有不好的影响。

总经理采纳了众人的意见，孟宁失去了这次很好的发展机会。

在事业的发展上，并不是有能力者就能够获得别人的欣赏，还必须注意自己与他人的关系。有时候，并不是没有伯乐在你身边，只是当伯乐注意到你的时候，别人的评价对你促成了不好的影响，从而让伯乐对你失去了信心。由此可见，怀才不遇，很多时候是受他人影响的。所以，有才华的人更应该注意维护自己的人脉，以获得事业上更好的发展。

可是在生活中，有才的人常自视清高，看不起那些能力和学历比较低的人，可如今的社会并不是你有才气，就能成大器。别人看不惯你的傲气，就会想办法排挤你。至于你的上司，因为你的才干本来就会威胁到他的生存，再加上你不适度收敛自己，生怕别人不知道你的才干，胡乱批评，乱说一气，那你的上司怎会不打击你呢？在人性丛林中，人与人之间的斗争大都是这样！不注意人际关系的维护，将自己孤立在一个人的小圈子里，那么最终你只能变成一个"怀才不遇"者。

马云为何要打造"唐僧团队"

关键不在于你的能力多么出众，而在于你在危难的关头有没有人帮。

说起团队，企业家们大多对《三国演义》中的刘备团队羡慕不已：刘、关、张、诸、赵团队协作共进，不仅联合东吴一举击败了曹操这一大敌，还巧妙抓住各种机遇接连夺取了荆州、益州和汉中，迅速建立起了与曹操、孙权形成鼎足之势的军事政治集团，在短短 12 年之内就实现了《隆中对》的第一步战略构想。

可是马云指出，刘备团队太完美，是千年难得一见的超级理想团队。想要在经营中打造出这样的一支团队，几率太小。相反，马云认为，在现实中最适用的团队当属《西游记》中的唐僧团队，而且他们的成员都是能够在现实生活中找到雏形的，都非常普通却又各具特色。

唐僧是一个天生领导的材料，他志向远大，有着很强的使命感和原则性。他要去西天取经，这样的目标一旦确定，任谁也改变不了的。在取经的途中，尽管面对种种诱惑，经历了各种各样的磨难，可是他的心始终朝向取经的目标。在这一点上，如果身为领导的人能够做到，那么即使面对再大的困难，这个团队也不会缺少"主心骨"，经历再多的磨难，团队的斗志也不会被动摇。

孙悟空忠心耿耿，能征善战，能力超群。这样的人在一个团队里，适合打头阵，做先锋，起到一个带头的作用。一个团队里，人员的能力是不可能做到齐整的，必须有优秀的人来发挥影响，所以孙悟空就是团队里的精英，有他在，人们都在受着潜移默化的影响。

八戒看似一无是处，但能调节气氛，唐僧团队中如果没有猪八戒，精神风貌就会失色不少。现实中猪八戒这种人非常多，他们能在日常生活中照顾领导，关键时候也能搭把手。

沙僧老实巴交，脚踏实地，最适合搞基础工作。

最后，也是最为重要的一点，唐僧团队非常重视利用社会资源、人际网络，充分调动组织成员的人际关系网络，为组织发展扫清了障碍，动不动就搬个什么菩萨过来帮帮忙。这是刘备集团所不具备的。尽管刘备团队个个能力超群，但是当自己没有办法应对难关的时候，得不到别人的帮助，也只能面临失败。

通过马云的观点，我们可以看出，一个团队里不可能每个人都十全十美，有着超人的能力，但是每个人都应该能够发挥出自己的长处，尤其是在人际关系方面，一定要做到在危难的时候，确保有人能够帮你。

在职场里，如果你不能像孙悟空一样什么事情都妥善处理，但是最起码你要能够发挥出自己的长处，与别人互补。如果你不能建立自己的人脉网，到了关键的时刻没有人帮你，那么一个小小的关口，也可能使你栽跟头。

第四章

修炼社交的八商树

德商：你的人品影响你的人脉

走正直诚实的生活道路，必定会有一个问心无愧的归宿。

德商，是指一个人的德行水平或道德品质。德商的内容包括体贴、尊重、容忍、宽恕、诚实、负责、平和、忠心、礼貌等各种美德。

科尔斯说："品格胜于知识。""小胜在智，大胜在德。"一个有高德商的人，一定会得到他人的信任和尊敬，也自然会有更多成功的机会。古人云："得道多助，失道寡助。"不论我们在生活中还是在工作中，都要以道德来规范自己的行为，不断修炼自己，才能获得人生的成功。古今中外，一切真正的成功者，在道德上大都达到了很高的水平。

现实中的大量事实说明，很多人的失败，不是能力的失败，而是做人的失败、道德的失败。一切工作、事业上的成就，归根到底都源于做人的成就。所以，我国著名教育家陶行知先生说："千学万学，要学会做人。"

先看一个在职场广泛流传的例子：

王勇在一家软件公司从事技术开发工作。一天，他突然接到要求待岗的通知，待岗比辞退稍微好一些，每月可领取一些生活费。工作以来，他的工资一直都不高，没有什么积蓄，待岗之后一家人的生活顿时陷入了困境。

在他待岗在家的几天里，他一连接到三个奇怪的电话。电话里的人自称是王勇所在那家公司的竞争对手，希望王勇能给他提供一些公司的机密，他可以给王勇找一份工作或者给王勇 10 万元作为回报。第一次接到电话时，王勇断然拒绝了。

第二次，报酬提高到 20 万元，王勇仍旧拒绝了。

第三次电话打来时，王勇正四处借钱以维持家庭开支，而这时，报酬已高达 50 万元，但王勇仍然拒绝了。从此，奇怪的电话再也没有打来，一切似乎都过去了。

一周后，王勇意外地被通知去上班，老板把诚实奖章发给了他，同时，老板还聘任他担任公司开发部经理。

原来，那三个电话都是老板安排人打的，根本就不是什么竞争对手，只不过是员工晋升前的一次考察而已。

此故事考察的是一名员工是否具有可靠的人品，能否即使在生活贫困的情况下也不出卖自己的人格。王勇经受住了老板的考验，他的确具备了出众的德商。

根据美国哈佛大学行为学家皮鲁克斯在《做人之本》一书中的观点："做人不是一个定下几条要求的问题，而是要从自己的根本开始，把自己变成一个以德为本的人，否则你就绝不会赢得别人的信任，更谈不上成功人生，反而会让人生早晚塌方的。"

的确，做人必须从"德"字开始，树立有德之人的品牌，这样才能成大事。

其实品德对每一个人来讲都极为重要，尤其是对于要经常与别人交往的人来说，就更为重要了。品德是由种种原则和价值观组成的，它给你的生命赋予了方向、意义和内涵。品德构成你的良知，使你明白事理，而非只根据法律或行为守则去判断是非。正直、诚实、勇敢、公正、慷慨等品德，往往更能提升我们在交际中的吸引力。

注重自我的人品，会对自己要求严格，就会给他人一种踏实可信的感觉，所以他人才会在交际中很自然地把我们当成朋友。而那些人品不好的人，当别人在不了解他的情况下，也许会把他们当成朋友。可是，等深入了解了以后，人们自然会疏远他，并且可能对他保有防范。

魅商：修炼个人魅力，让你更具影响力

个人魅力实际上是非权力领导力的升华。

个人魅力最引人注目的优点是能提高影响别人的能力。当人们认为你这个人很有魅力时，他们更有可能采取你的建议。许多人说过，要是有一位富有个人魅力的经理，"我会以我的职业生涯作赌注，一心一意为他工作"。这种情况下，以事业作赌注意味着这个人将放弃一份相对安稳的工作来和这个经理一起开始一个新的企业。

所以，个人魅力实际上是非权力领导力的升华，个人魅力作用在各方面都会增强非权力领导力，如个人感召力的发挥就需要通过以身作则、说服、分享和帮助等方式进行。

一个简单而有效的影响别人的方法是以身作则地领导。作为有影响力的领导，你可以通过你自身的行动来传播价值观和传达各种期望。那些显示忠诚、做出自我牺牲以及承担额外工作的行为特别需要以身作则。在项目面临艰难局面时，你也许要每周工作65小时以显示包含在企业文化之中的自我牺牲的价值。

问题是，假如你对人们来说有一种磁铁般的吸引力，那么他们把你当作一种行为典范的可能性就要大得多。因此，尽管以身作则的方法很受欢迎，但可能效果不大，除非那个以身作则的人对那些认为可以把他或她作为榜样仿效的人们具有吸引力。

通过理性的说服影响别人的传统方法仍不失为一种重要的策略。理性的说服涉及使用符合逻辑的观点和事实证据来使另一个人相信一条建议或者要求是可行的，并且是可以达到目的的。

总的来说，要使理性的说服变成一种有效的策略，需要自信以及仔细的研究，对明智和理性的人来说它可能是最为有效的。不过，即使是明智和理性的人，他们看问题的方法也是有选择性的。他们更会听取由热情和讨人喜欢的人所表达的信息里包含的铁证。个人魅力甚至会使得逻辑看起来更有逻辑性。

专家影响力的获得也离不开个人魅力，获取专家影响力的一个值得推荐的方法是在符合公司当前或者未来需要的领域里成为课题专家。最新的例子是如何为公司建立引人注目的网址或者在国外开拓市场。即使你已经成为课题专家，富有个人魅力也会有利于你的专业知识的利用。假如你个人颇具魅力，当权者更有可能会给你一个展示专业知识的极好机会。你或许听到过有人哀叹："要是他们给我机会的话，跟某某处理一样的事情，我也能做好。"这位"某某"之所以得到了这个机会，很可能是因为他或她富有热情和活力。

取得威望要比获得专家的影响力更需要个人魅力。富有个人魅力可以增强你的形象，从而使你更加引人注目、更加具有影响力。

心商：悲观时，多跟心里有阳光的人打交道

有位心理学家很喜欢告诉别人这样一个故事。

上大学时，为了赚取所需的食宿费用，我照顾一位独居的老妇人，做一些杂七杂八的工作。这位老妇人常失眠，往往要吞下一粒安眠药才能安然入睡。有一天晚上，这位老妇人跑来敲我的门说："很抱歉打扰你，睡不着，安眠药又吃光了。不知你身边有没有安眠药？"

我很快地回答："我有安眠药，太太。放在楼下，我这就下楼去找一粒给你。"

我知道老太太的视力不佳，无法辨别青豆与安眠药丸。我回到楼上，说："这是一颗特大号的安眠药，它很管用，把它服下你很快就会入睡了。"

这位老妇人当真服下这颗药丸，而且睡了她这一生当中睡得最好的一觉。从那天开始，她每天要求我给她那种特殊的"药丸"。

其实，这颗所谓的特殊"药丸"不过是一颗普普通通的青豆而已。

虽然只是一颗青豆，但它能给老太太带来香甜的睡眠。其实这就是一种心理作用。但是这种作用是要靠别人来完成的，这其中就有影响力发挥的作用。

在生活中，能够控制自己情绪的其实只有自己的心智，我们只有通过自己的心理作用于行为。可是，很多时候，我们并不能充分地了解自己，也不能很好地操控自己的心智，所以就需要外力的帮助。就好像一个人想要犯错误，如果是自己主动的，就会有很强烈的罪恶感，可是如果是被别人影响的，心理的负担就会少了很多。

我们都在找寻可以影响我们的人，同时我们也在影响着他人。以下这种恶作剧也能反映我们对他人的影响。

找几个朋友帮你玩这个游戏，选择一个对象当作这场恶作剧的牺牲品。再安排几个人都能在同一个早上轮流见到这位"牺牲品"。

你对他说:"你今天看起来好苍白啊!一定是生病了。"然后另一个人遇见他后说:"你好像是得传染病了。"再一个人说:"你在发高烧吗?你的样子好可怕,赶快去看医生吧。"

如果以很逼真的方式来说这些话,那么那位牺牲品将会真的生起病来。这就是影响力!

影响力对人究竟能起多大作用?过分强调影响力作用是否"唯心论"?

无论如何,影响力都是我们在不知不觉中就能深深地感受到的。比如,你远方的亲人得了重病,这时突然有人叫你接加急电报,紧张感就会迅速笼罩你,你心跳加快,腿发软,头发晕,仿佛马上就要倒了,这就是我们受了别人的影响。

实际上,当影响力作用于心理的时候,不仅会影响人的生理状态,甚至可以说影响到人一生的成功与幸福。一个人不善交际,可是如果经常跟健谈的人在一起,或者经常跟有共同话题的人在一起,就能够逐渐地开朗起来。有人在旁边提携,就会逐渐地改正自己的缺点,不断地完善自己。

我们都在被一种无形的力量控制着,会影响他人,也会被影响。所以,当心态走向悲观的时候,尽量跟心里有阳光的人多打交道,多交流,这样我们心里的阴云就会逐渐被驱散,而不是将原本只属于我们自己的痛苦传递出去,复制成了两份或者更多份。

情商：掌控自我，做情绪的主人

诱惑是一种致命的病毒，会侵蚀每一个缺乏免疫力的大脑。

情商的一个重要内容就是掌控自我，掌控自我情绪是种重要的能力，也是人区别于其他动物的重要标志。人是有理性的人，而非依赖感情行事。没有自制力的人终将一无所成，他会因为抵制不了一点小刺激和小诱惑而深陷其中。

有一个间谍，被敌军捉住了，他立刻装聋作哑，任凭对方用怎样的方法诱问他，他都绝不为威胁、诱骗的话语所动。等到最后，审问的人故意和气地对他说："好吧，看起来我从你这里问不出任何东西，你可以走了。"

你认为这个间谍会立刻转身走开吗？

不会的！

要是他真这样做，他就会当场被识破他的聋哑是假装的。这个聪明的间谍依旧毫无知觉似的呆立着不动，仿佛完全不曾听见那个审问者的话。

审问者是想以释放他使他麻痹，来观察他的聋哑是否真实，因为一个人在获得自由的时候，常常会精神放松。但那个间谍听了依然毫无动静，仿佛审问还在进行，就不得不使审问者也相信他确实是个聋哑人了，只好说："这个人如果不是聋哑的残废者，那一定是个疯子了！放他出去吧！"就这样，间谍的生命保存下来了。

很多人都惊叹于这个间谍的聪明。其实，与其说这个间谍聪明绝顶，还不如说是他超凡的情绪自控力在关键时刻拯救了他的生命，换回了他的自由。

情绪是人对事物的一种最浮浅、最直观、最不用脑的情感反应。它往往只从维护情感主体的自尊和利益出发，不对事物做复杂、深远和智谋的考虑，这样的结果，常使自己处在很不利的位置上或为他人所利用。本来，情感离智谋就已距离很远了（人常常以情害事，为情役使，情令智昏），情绪更是情感最表面、最浮躁的部分，完全以情绪做事，焉能保持理智？不理智，能够把握胜算吗？

但是很多人在工作、学习、待人接物中，却常常依从情绪的摆布，头脑一发热（情绪上来了），什么蠢事都愿意做，什么蠢事都做得出来。比如，因一句无甚利害的话，有人便可能与人打斗，甚至拼命（诗人莱蒙托夫、诗人普希金与人决斗死亡，便是此类情绪所致）；又如，有人因别人给他们一点小恩小惠，而心肠顿软，大犯根本性的错误（西楚霸王项羽在鸿门宴上耳软、心软，以致放走死敌刘邦，最终痛失天下，便是这种柔弱心肠的情绪所为）；还可以举出很多因情绪的浮躁、简单、不理智等而犯的过错，大则失国失天下，小则误人误己误事。事后冷静下来，自己就会认识到所犯的错误。这都是因为情绪的躁动和亢奋，蒙蔽了人的心智。

所以，给自己的情绪装一个自制的阀门吧，这样我们才有机会创造卓越的人生。可是，怎样才能掌控自己的情绪呢？在这里，有下面几种方法供大家参考：

1. 转移

当我们受到无法避免的痛苦打击时，长期沉浸在痛苦之中，既于事无补、不能解决任何问题，又影响自己的工作、损害健康，所以我们应该尽快地把自己的注意力转移到那些有意义的事情上去，转移到最能使你感到自信、愉快和充实的活动上去。这一方法的关键是尽量减少外界刺激，尽量减少它的影响和作用。

2. 解脱

解脱就是换一个角度来看待令人烦恼的问题。从更深、更高、更广、更长远的角度来看待问题，对它作出新的理解，以求跳出原有的圈子，使自己的精神获得解脱，以便把精力全部集中在自己所追求的目标上。

3. 升华

升华就是利用强烈的情绪冲动，把它引向积极的、有益的方向，使之具有建设性的意义和价值。我们常说的"化悲痛为力量"就是指升华自己的悲痛情绪。其实不只是悲痛可以化为力量，其他的强烈情感也都可以化为力量。

4．利用

利用，就是我们常说的"坏事也能变成好事"，常见的方法是对时机和客观条件的有效利用。一个使我们感到苦恼的强制性要求，如果能巧妙地加以利用，就有可能首先在精神上化被动为主动，进而可以使烦恼变为怡然自得、乐在其中。

职商：在工作中树立个人品牌

正确的特性＋吸引人的性格＝个人品牌

商品都有品牌，去商场买东西，我们宁可多花钱也要品牌商品。因为品牌商品有品质的保障。作为人，我们每个人也要打造"个人品牌"，你的名字就是你的"个人品牌"。一旦拥有了个人品牌，你在职场中就会所向无敌。

要打造"个人品牌"，你就要时时保持你的竞争力。往往，你的"个人品牌"也代表着你的道德观、作风、形象、责任，好的品牌之所以强势，就是因为它结合了"正确的特性""吸引人的性格"，以及随之而来的与消费者的"良好互动关系"。"个人品牌"也必须有"正确的特性""吸引人的性格"，只有这样，才会美名外扬，替自己创造更多的机会！

如何才能打造自己强势的"个人品牌"呢？

1. 不断提升自己的专业能力

专业能力代表了足够的知识、技能，可以应工作的需要，拥有专业能力的专家，就是知识丰富加上执行力强，是可以帮企业解决问题的人。"拥有专业能力"是一种绝佳的个人品牌，是一种内涵的呈现。由于不断地有新知识及新技术的推出，为了避免过时，专家必须不断地增进专业能力，这是打造"个人品牌"首先要注意的！

2. 拥有谦虚的态度

即使你已经拥有很好的成绩，懂得谦虚仍是非常迷人的特质！许多社会中的名流，越是成功，越是对人谦和！无论什么时候，谦虚的人都会受欢迎的。如果你能力有限，谦虚会让人感觉你诚实上进，如果你工作能力很强，谦虚会让人感觉你受过良好的教育，综合素质很高。

3. 维持学习力及学习心

学习力及学习心是不老的象征，也是延续"个人品牌"的手段。一个不断学习的人内在是丰富的，也会更容易拥有自信心及保持谦虚的态度。学习会让你时时刻刻感觉在进步。学习会让你找到自身的不足，从而改正陋习。

4. 强化沟通能力

沟通能力包括"倾听能力"和"表达能力"。"个人品牌"必须通过沟通能力传达出去。你必须要有能力在大众前清楚地表达，通过文字传达思想，也要学习站在他人的角度看事情，尝试以对方听得懂的语言沟通，为了达到这个目的，倾听是必要的！

5. 亲和力

亲和力是一种甜美的气质，让人在不知不觉中被你吸引。亲和力也是一种柔软的积极性，是透过"与人亲善"的特质发挥更多的影响力。倪萍主持的节目上到七八十岁的老人、下到五六岁的孩子都喜欢看，正是因为她的亲和力打造了她极有魅力的个人品牌。

6. 外表

外表是很重要的！当别人还没有机会了解你的内涵，就会从你的外表开始判断你的好坏。学习让你看起来清清爽爽、专业诚恳，以整洁利落来诉说你充沛的精力及良好的态度，是职场女性必备的能力。

建立个人品牌，可以从自己的强项开始。每个人都有自己独特的能力，从自己独特的能力开始，是最容易建立个人品牌的方法。

小柳是一家饮料公司的业务主管，因为她平易近人，说话随和，所有的客户都喜欢和她谈话。每逢碰到同事和客户谈崩的时候，她就会出动。只要她一去，不管什么冰山都会融化成一江春水。她个人品牌的重点就是"化解矛盾的专家"。

每个人都应像小柳一样及早找到自己的强项，尽量发挥，这是快速脱颖而出的秘诀！

虽然这是个自我行销的时代，但你的表现是你的"最佳简历"。我们必须做到处处塑造我们的"个人品牌"。让每个见过你的人都能记住你，认为你果真有自己的能力和风格，那样，成功就离你不远了。

胆商：打破羞涩，向着人群大步走

害羞就如同作茧自缚，如果想要破茧成蝶，就要打开束缚。

你知道吗？害羞有时候并不是一件好事。对于大部分人来说，害羞隐藏着难为情。譬如我们见到一位大人物，开始就觉得难为情，我们会想："他是多么重要、多么有名，而我只是一个默默无闻的人。"所以，如果我们觉得害羞，可能是因为对自己过于关注。

过多地关注自己，势必把自己装在一个精神的茧壳里。

害羞是一种难以描绘的情感屏障，是人人都能触及的精神茧壳。而人往往又在这种心理的网罗下，作茧自缚，所以，要破茧成蝶，就要打开束缚，勇敢地走向人群。

假想你现在正在一个酒会里，你只认识少数的几个人，你和他们交谈了几句以后，他们就走开去和别的朋友谈话。这时，你发现有一圈人还颇吸引你，你会怎么做呢？微笑着走过去，然后介绍你自己？还是站在这一圈人旁边，等他们发现你？或是另外去找你已经熟悉的人？还是找个充分的理由离开这个宴会？

如果你不太容易向陌生人介绍自己——即使只是假想自己在宴会里会碰到陌生人——你就可能有点害羞了。就像成千上万的其他人一样，你总是有点害怕见到陌生人——甚至连你已经认识的人也怕见到。你最害怕的情况可能是参加宴会，也可能是其他具决定性意义的场合，譬如应征工作进行面谈，或拜见未来的岳父母。或许，你常会因为害羞而开始退却。你可能在一个地方工作了几个月以后，想认识一下其他办公室的人，但又觉得不好意思，便打了退堂鼓。或者，你发现一个很吸引人的异性，却不知道怎么接近他或她。或许，你不敢去看医生或理发，因为你不知道该怎么告诉他你的情况和要求。

"真的，我本应该非常快乐。"一位女孩曾经这样说道，"但是，我并不快乐。一种可怕的害羞使我每次发现他人看着我的时候都会羞红了脸。我该怎样做呢?"

马克·吐温说,人类是唯一会害羞的动物,人类有时也需要害羞一点。可是,人们不应该在正常行事的过程中害羞,同时也不应该在一个连动物都会害羞的场合下无动于衷。

同样,害羞会带来痛苦。它是一个令人麻烦的东西,使我们变得懦弱、不安、不快。我们会感觉自己很愚蠢,像一只被观赏玩弄的动物一样。但是,害羞是可以克服的。当然,这不是一蹴而就的事情,否则我们就会发展到一个极端,这是更可怕的,尤其是对别人来说。

萧伯纳年轻的时候就非常害羞。有一次,他到一条街去付账,他在街上来回走,就是没有勇气去敲门。

害羞的现象非常普遍,在美国有40%的成年人有害羞表情,在日本60%的人为自己害羞,在我国几乎所有的人都有害羞的时候,连宋代大诗人苏轼也曾有过"归来羞涩对妻子"的尴尬遭遇。

但是,也有专家认为,害羞心理并不都是消极的,适度的害羞心理是维护人们自尊自重的重要条件。有人调查表明,害羞的人能体谅人,比较可靠,容易成为知心朋友,他们对爱情比较忠诚,保持自己贞操。女性适度的害羞,可以使之更显得温柔和富有魅力。一个害羞的女大学生对潇洒的男子来说其吸引力可超过一个漂亮的交际花。当然,这里讲的是"适度",如过于害羞,那就成了心理障碍。

那么,我们要如何才能控制自己害羞的情绪呢?答案就是:不要再考虑自己,下定决心,勇敢地走向人群,去做那些我们以前不敢做的事情,比如主动与人攀谈、多跟别人交流,等等。

智商：谋略当先，人脉并非人越多越好

人群就像万花筒，需要理智地找寻适合自己的色彩。

智商就是智力商数。智力通常叫智慧，也叫智能，是人们认识客观事物并运用知识解决实际问题的能力。在生活中，智商的作用是非常重要的。因为我们常常会被一些假象所蒙骗，以为是好的东西，常常掩藏着种种弊端，就如同对于人脉的把控上。

"众人拾柴火焰高"，通常人们会认为人越多，人际关系就越充实，然而事实并非如此。所谓关系与友谊，其实是越充实数量越少，最为充实的都是到了最后去除了所有糟粕而留下的少数精品，人际关系也是如此。

当然，事物的发展有多个阶段，最初阶段必定是人数越来越多的时期。否则，没有一定的人数基础，人际关系是不可能充实的。然而最重要的，还是自己能否有意识地增加人数，而不是盲目地将所有认识的人及其认识人的人际关系统统纳入你的人际关系网。我们在生活中也深有体会，名片与电话簿上的电话号码越来越多，但是好多是用不上的。

所以，真正的人际关系不是用名片或电话号码的多少来计算的。尽管某个时期的人数不断增加，却并非意味着人际关系进入了充实期。充其量，它只能算作通往充实期的准备阶段而已。

当数量增加到一定程度时，你就必须要让智商发挥作用，辨别其中的真伪，以便对人脉进行整理。首先要区分的是，你应该将仍然保持联络的和已中断联系的人际关系区分开来。经过整理，仍然保持联络的名片张数必将减少。因此，只看到名片张数增加就高兴不已的人，是根本无法建立人际关系网络的。不过，名片不断增加的时期也是绝对必要的。倘若不经历这一时期，必定无法抵达充实期。因此，在整理名片之际，你不必因为仍然保持联络的名片张数减少而担忧。相反，值得喜悦，这是你人际关系整体充实的证据。你想一想就会明白，当你目前的工作告一段落，展开新工作时，名片的张数也必定会随之增加，尤其你跳槽或者更换职业时，这种情形最明显。当新工作开始步入轨道正常运转时，人际关系又会逐渐减少。中途因工作关系参加各种活动时，名片又将再度增加。这种增减的重复，在人际关系成长过程中是十分必要的。

如果只盲目追求名片张数的不断增加，你和每一个人之间的关系必定会越来越薄弱。因为比起和熟人碰面的机会，你会更热衷追求结识新人的机会。那么，在这种情况下，熟人碰面的机会都没有了，还谈何人际关系的充实。所以说无论什么，只要数量减少，质量必然增加。如此一来，你和每一个人才能缔结出深厚的交情。

财商：从零和游戏走向双赢

两个人打篮球，怎样才能进球最多？那就是我不阻挡你，你也不阻拦我。

零和游戏是指在一项游戏中，游戏者有输有赢，一方所赢正是另一方所输，游戏的总成绩永远为零。零和游戏定律之所以广受关注，主要是因为人们在社会的方方面面都能发现与"零和游戏"类似的局面，我们大肆开发利用煤炭、石油资源，留给后人的便越来越少；我们研究生产了大量的转基因产品，一些新的病毒也跟着冒了出来；我们修筑了葛洲坝水利工程，白鳍豚就再也不能洄游到金沙江产卵；我们因打败了自己的对手而飞黄腾达，春风得意，对手却因我们的胜利而倾家荡产，向隅而泣……这一切都昭示着胜利者的光荣后面往往隐藏着失败者的辛酸和苦涩。

随着时代的发展，"零和游戏"观念正逐渐被"双赢"观念所取代。人们开始认识到"利己"不应该建立在"损人"的基础上，通过有效合作，皆大欢喜的结局是可能出现的。

零和游戏定律具体运用到我们个人的工作生活，那就是：我们每个人、每个组织，要想取得长期的发展，就要建立双赢、共赢的合作理念，否则，不可能有好的未来。

但从零和游戏走向双赢，要求各方要有真诚合作的精神和勇气，不要要小聪明，不要总想占别人的小便宜，要遵守游戏规则，否则双赢的局面就不可能出现，最终吃亏的还是合作者自己。

假设有人向你挑战比试腕力，时间限定在 60 秒内，比赛规则是扳倒对方次数越多者便是赢家，而旁观的另一人愿意在每一次胜出以后提供赢家一角钱。双方各就各位后，一场激战即将展开。为了说明的方便，请你假设一开始那人便把你扳倒，但是他并不停在那儿，反而立即放松施加的压力，让你把他扳倒，接着他迅速反应，将你再度扳倒，而你基于以往的习惯全力抗拒。

这时候你心中只有一个念头："我要赢！"你的肌肉紧张、全神贯注，以至于眉头紧锁，但就在僵持不下的当儿，你和那人脑中突然灵光一闪，发现一个事实：你们现在已各赢了1角钱！倘若你让他赢一回，接着他让你赢一回，不断相互扳倒，那么60秒结束，双方都赢了超过1角钱……于是，你们两个同心协力，不断地进行你扳倒他、他扳倒你的动作，来回反复地互相扳倒对方的手臂。在60秒结束的那一刻，你们各赚了3块钱，改写了只有一人能获得1角钱的局面。

这个简单的故事告诉我们，双赢的精髓便是：人与人之间存在着合作的潜力，合作将会取得远大于个人凭一己之力创造的成就。

大多数人习惯以输或赢来判断自己的处境，赢便是代表其他所有人都得输，运动场上非赢即输的角逐、学习成绩的分布曲线向我们灌输"少便是好"的思维，于是我们便通过这副非赢即输的眼镜看人生，倘若没能唤醒内在的知觉，只为了挣1角钱，一辈子拼个你死我活，却从来不曾想到通过合作的手段，能让彼此赚更多钱。

要知道，单赢不是赢，只有双赢才是真正的赢。战争的最高境界是和平，竞争的最高境界是合作。"互利互惠"才能"双赢"，这是与竞争对手寻求共同利益的最好办法。

第五章

社交方圆术：四两拨千斤的人脉策略

狐狸——懂得借助他人势力

人生不在于你所站的方向，而在于你站在谁的肩膀上。

狐狸是很聪明的动物，由于它没有力气，个子矮小，因此处境不利。在森林中，狐狸得不到尊敬，没人真正把它放在眼里。为了克服这一点，对于狐狸来说，其中的一个办法就是说服老虎与它做朋友。通过与力大无比、令人敬畏的老虎密切交往，狐狸可以伴随老虎左右在丛林中四处行走，享受众兽给予老虎的同样的提心吊胆的尊敬。即使老虎不在狐狸身边，而其他动物都知道狐狸与老虎交往甚密，也足以保证狐狸在旷野中的生存。

这是狐狸的生存法则，但是对于人类来说"狐假虎威"也是可以效仿的。尤其在你求人办事的时候，如果来一招狐假虎威的把戏，借助于大人物的威力，那么事情就会很容易地办成。

萨洛蒙·安德烈是19世纪末20世纪初瑞典著名探险家，有一次，他为了得到北极圈内有关的科学数据，填补地图上的空白，组织了一次北极探险。

那是1895年，经过周密计算和安排，安德烈在瑞典科学院正式提出乘飞艇到北极探险的计划。在此之前，安德烈曾在美国学习了有关航空学的全部理论，并且制造过由气球而发展起来的飞艇，有关飞行试验在美国和欧洲曾引起轰动。随之而来的便是经费问题，由于人们对此不信任和不关心，因此也就很少有人提供经费。

安德烈整天奔波，挨家挨户去找那些大富豪和大企业家，但有谁愿意投资干一项与己毫无关系的事业呢？又有谁愿意投资干一项也许没有任何成功机会的冒险事业呢？安德烈每天都会带着失望和疲倦回到家里。

经过很长时间的奔波，总算有一位好心而开明的大企业家表示愿意提供赞助，他甚至表示愿意承担全部费用，同时他还向安德烈提了一个很重要的建议：希望这项冒险计划得到人们的关注，如果就这样悄无声息地走了，是不是削弱了这次探险的意义呢？

安德烈听完觉得很有道理，于是两人经过商量，决定让安德烈继续去募捐、扩大影响。但是，尽管安德烈想尽办法，跑遍全城人们的反应仍然很冷淡，安德烈非常着急，情急生智，他想出了一个大胆的办法，就是把自己的探险计划写成一篇极其详细严谨的论文，用大量证据论证了这项计划的可行性及其意义，然后，他请那位开明的企业家想方设法把这篇文章呈献给国王。

经过一番周折，国王终于见到了这篇文章，他对这个大胆的计划感到很新奇，于是召见了安德烈，并询问有关探险的一些具体情况。两个人谈得很投机，最后安德烈要求国王象征性地提供一些小小的赞助，国王慨然应允。

这个消息很快就传开了，新闻界对国王关注此事予以报道。既然国王都对这件事感兴趣，那么许多名流、富豪也都跟着对探险一事纷纷予以关心，捐赠了大笔费用。许多普通民众也因此开始对这项计划感兴趣了，大家都明白了探险的意义。安德烈的事业终于不再是他一个人苦苦奔波的事业，而是变成了一项公众的事业。就这样，安德烈终于成功了！

巧借他人的力量和威名以达到自己的目的，这是一种韬略。安德烈正是借助国王的力量，才使自己的探险事业取得了成功。所以，当你在与人交往的过程中，不妨试一下狐假虎威的办法去为自己造势。

在生活里，很多时候我们并不能达成别人的期望：比如在与人谈判的过程中，对方可能认为你没有足够的经济实力，可是如果有另外一个财团给你当靠山的话，对方就说不出什么了。也许在完成与对方的合约中，你并没有用那个财团能够提供的帮助，可是因为你在实力上为自己造势了，所以就加大了对方对你的信任度。

任何事情，起步的时候都是艰难的。利用别人为自己造势，更加有利于达到自己的目的。而你在获得了最初的经验以后，以后的发展道路就会变得越来越宽阔了。

猫——不要轻易亮出自己的"底牌"

最实用的知识在于掩饰之中，轻易亮出自己底牌的人往往会成为输家。

传说，上帝创造世间万物之初，猫的本领比老虎大，于是老虎就偷偷拜猫为师。经过一番勤学苦练之后，老虎的本领变得十分了得，成了森林之王。

按理说，功成名就的老虎该心满意足了，可是老虎总觉得拜猫为师的事不光彩，怕传出去后受百兽讥笑，于是就起了杀师灭口之心。

有一天，老虎终于向猫下了毒手，穷追猛咬，试图将猫置于死地，情急之下猫一下子跳到了树上，任凭老虎在树下张牙舞爪咆哮也无可奈何。吓出一身冷汗的猫十分后怕地说："幸亏我留了一手，不然今天就死于逆徒之口了！"

这是一个老掉牙的故事，但故事中蕴念的哲理仍值得我们借鉴，它提醒我们留一手是很有必要的，而且，也是有好处的。

为什么故事中的猫能逃脱虎口？原因就是它没有亮出自己最后的一张底牌，留了上树这一手！在与人交往中也是这样，应该尽量设法保持自己的神秘，轻易亮出自己底牌的人让别人按牌来攻，肯定会输掉。即使对方是貌似忠厚的老实人，也不可全抛一片心。

碰上貌似老实的人，人们往往会有一见如故的感觉，把"老底"全都抖给对方，也许会因此成为知心朋友。但在现实中，更可能出现的情况是：你把心交给他，他却因此而看扁你，更有甚者会因此打起坏主意，暗算于你。所以说，在待人处事中，尤其是对摸不清底细的人，切记要做到"逢人只说三分话，未可全抛一片心"。否则，吃亏受伤害的将是你自己。

李厂长出差的时候在火车上遇见一位"港商"，二人一见如故，互换了名片。这位港商举手投足之间都显示出一种贵族气质，这使李厂长对其身份毫不怀疑。恰巧二人的目的地相同，港商又对李厂长的产品非常感兴趣，似有合作意向，李厂长便与之同住一个宾馆，吃饭、出行几乎都在一起。这一天，李厂长与一客户谈成了一笔生意，取出大笔现金放在包里。午饭后与港商在自己屋里聊天，不久李厂长起身去卫生间，回来时出了一身冷汗：港商和那个装满钱的皮包都不见了！李厂长赶紧报警，几天后案子破了，罪犯被抓获后才知道，原来他并不是什么港商，而是一个职业骗子。这让李厂长对自己的轻易相信他人、交出自己底细的做法痛悔不已。

事无不可对人言，是指你所做的事，并不是必须全部向别人宣布，尤其是向陌生人，否则你可能就会如李厂长一样在不知情的情况下向骗子抖出了家底。清醒的人，往往只说三分话，其余几分是不必说、不该说的，这是一种自我保护和防守的方式。

因此，任何时候我们都要留一手，不要和盘托出全部真情，并非所有真相皆可讲，冲动是泄露的大门。最实用的知识在于掩饰之中，轻易亮出自己底牌的人往往会成为输家。

山羊——拥有一颗感恩的心

感恩，是一种歌唱生活的方式，它来自对生活的爱与希望。

非洲有一种山羊，懂得尊敬"长者"。年轻的山羊绝不会盛气凌人、欺负年长的山羊，而是处处表现出对长者的尊敬。只要有一头年老的山羊在场，其他的山羊都不会躺倒在地上。如果偶尔有个不懂礼貌的小山羊躺倒在地，那么，周围的山羊就会督促它赶快站起来。有的小山羊对长者十分尊敬，它会亲昵地走上前去，为老山羊舔毛。

山羊反哺是众所周知的事实。当老山羊行动已经老迈迟缓的时候，小山羊绝不会丢下自己的父母不管，而是主动承担起照顾老山羊的责任。尤其在百草枯萎、食物难觅的时候，小山羊绝不会独享自己费尽辛苦找来的食物，而是会先让老山羊吃。

山羊的这种精神，值得人们反思，它们对于长者的感恩，也值得人们去学习。可是在生活中，总有一些人不懂得感恩，明明现有的条件已经够好了，可是他还是不知足，张口闭口满是抱怨。

一个寺院的方丈，曾立下一个奇怪的规矩：每到年底，寺里的和尚都要面对方丈说两个字。第一年年底，方丈问新和尚心里最想说什么，新和尚说："床硬。"第二年年底，方丈又问新和尚心里最想说什么，新和尚说："食劣。"第三年年底，新和尚没等方丈提问，就说："告辞。"方丈望着新和尚的背影，自言自语地说："心中有魔，难成正果。"

"魔"，就是新和尚心里没完没了的抱怨。像新和尚这样的人在现实生活中有很多，他们总是怨气冲天，牢骚满腹，总觉得别人欠他的，社会欠他的，从来感觉不到别人和社会为他的生活所做的一切。这种人心里只会产生抱怨，从来不懂得感恩，这样的人是难以做成大事情的。

一位哲人说，世界上最大的悲剧和不幸就是一个人大言不惭地说："没人给过我任何东西。"所以，不要让自己成为这样一个悲剧性的人物，对生活常怀有一颗感恩之心的人，即使遇上再大的灾难，也能熬过去。

"我的手还能活动；我的大脑还能思维；我有终生追求的理想；我有爱我和我爱着的亲人与朋友；对了，我还有一颗感恩的心……"

谁能想到这段豁达而美妙的文字，竟出自一位在轮椅上生活了30余年的高位瘫痪的残疾人——世界科学巨匠霍金。

命运之神对霍金，在常人看来是苛刻得不能再苛刻了：他口不能说，腿不能站，身不能动。可他仍感到自己很富有：一根能活动的手指，一个能思考的大脑……这些都让他感到满足，并对生活充满了感恩之心。因而，他的人生是充实而快乐的。

与霍金相比，我们有的人什么也不缺，要手有手，要脚有脚，要金钱有金钱，可生活给了他一点磨难，他就开始怨天尤人了。这样的人没有感恩之心，快乐也就与他失之交臂。

生命的整体是相互依存，每一样事物都会依赖其他一些事物而存在。无论是父母的养育、师长的教诲、爱人的关爱、他人的服务……人自从有生命起，便沉浸在恩惠的海洋里。

如果一个人真正意识到这个道理，那么，他就会感恩大自然的福佑，感恩父母的养育，感恩社会的安定，感恩衣食饱暖，感恩花草鱼虫，感恩苦难逆境。因为真正促使自己成功的，不是优裕和顺境，而是那些常常可以置自己于困境的打击、挫折和对立面。

兔子——危难当头，启动"备用方案"

用备用方案，在关键时刻会让你从容应对并赢得先机。

俗话说："狡兔三窟。"意思是说，兔子的狡猾，在于它常常给自己准备三个洞穴，这样如果有危险发生的时候，一个洞口逃不出去，它就会启动"备用方案"，从另一个洞口逃出去。兔子这样处理事务的方式，是很值得人们学习的。因为比起那些处理事务时不懂得给自己留后路的人，能够在关键时候启动"备用方案"的人就显得聪明得多。

美国职员克多尔讲的关于自己的一个很好的例子就是说明了这样的道理：

"您好，"我对老总说，"昨天我交给您的文件签了吗?"

老总转动眼睛想了想，然后装模作样翻箱倒柜地在办公室里折腾了一番，最后他耸了耸肩，摊开两手无奈地说："对不起，我找过了，我从未见过你的文件。"

如果是刚从学校毕业的我，我会义正词严地说："我看着您的秘书将文件摆在桌子上，怎么会找不到呢?您可能将它卷进废纸篓了!"可我现在才不会这样说呢。既然老总能睁眼说瞎话，我又何必与他计较呢?我要的是他的签字。于是我平静地说："那好吧，我回去找找那份文件。"

于是，我下楼回到自己办公室，把电脑中的文件重新调出再次打印，当我再把文件放到杰克先生面前时，他连看都没看就签了字，其实他比我更清楚文件原稿的去向。但我一点都不生气。

是的，用自己的"备用方案"，在关键时刻解决问题让自己从困境中走出来，这就是我们在与上司发生冲突时的解决方式。不要在冲突发生以后一走了之，因为在新环境里还会出现老问题，到那时你又怎样呢?也不要为了争口气大闹一场，因为吵闹不能解决问题，反倒有可能断送了前途，还是实际些吧！说到实际，谁是谁非并不重要，即便你对了上司错了，你也要开动脑筋为上司寻找一个下台的台阶，无论如何解决冲突的前提是合作！

主动言和，你可以当作是好汉不吃眼前亏，但它还包括更深的层面；适时运用"备用方案"，主动言和是运用智慧寻找冲突的最佳解决方案，使问题最终得以处理；主动言和更需要团队精神，发挥团队精神可以使合作得以延续。在处理冲突的问题上应该冷静，绝不能像个孩子一样在冲突中放任自己，要运用自己的智慧和团队精神与上司及同事尽量合作，让他们发现你其实是个理想的合作伙伴，这样做的同时也就给自己创造了一个良好的工作空间。真正善于做人者都明白"放弃也是一种成功"的道理。有些事情，假如你非要辩解清楚，不仅达不到目的，反而会让自己伤筋动骨。

拥有"备用方案"能让你在关键时刻摆脱困境，从而避免那些无谓的争论。世上最大的空耗之一就是与人反复争论。正如卡耐基所说："争论的结果使双方比以前更相信自己绝对正确。要是输了，当然你就输了，如果赢了，你还是输了，因为争论赢不了他的心。"因此，做人应当避开反复争论的空耗。

是的，想想吧，没有先期的计划和应对方案，就会让你手足无措，引发那些无谓的争论。如果在争论中你输了，自然是输了自己的观点，无话可说；即使是你赢得了争论，可是对方会因此而认为你这个人性格太张扬，不易接近和相处，以后会因此而疏远你，更严重的还可能觉得你让他丢了面子，输了自尊，甚至挫伤了别人的自信心和积极性，因此会怨恨你，对你产生抵触情绪，也许还想着总有一天要伺机报复回来。看，你到底赢得了什么呢？用备用方案，在关键时刻会让你从容应对并赢得先机。

一句箴言：多学学兔子的"处世"方法，凡事多想一步，多预备应急方案。

防狼——趁你不备就咬你一口

有了防护之心，才能避免狼的"偷袭"。

我们都知道，狼没有黑熊那般巨大的身形，没有狮子的爆发力，可是它为什么会成为一种攻击性很强的动物呢？答案是，狼平时都很会隐藏，常常趁猎物不备的时候，一口将对方置于死地。

狼的这种善于在背后攻击的品性，在人群中也不少见。

在某市电视台的新闻部里，小吴与小王是很好的朋友。他们原是中学同学，后来又进了同一所大学，可谓是"患难朋友"了。他们既是同学关系又是同事关系，所以两人都很珍视这份缘分。后来，局里要在小吴他们科室选拔一位中层领导。消息传开后，科室里的人都闻风而动，托关系，找门子，都希望自己入选。但后来传出内部消息，领导主要在考察小吴与小王。他们俩的能力都很突出，尤其是小吴，能办事，为人也不错。所以大家一致认为非小吴莫属了。因此大家都准备好，等上司一宣布，就要让小吴请客了。

几天后结果下来了，令大家吃惊的是，入选的不是小吴，而是小王。原来，小王四处活动，在上司面前极尽献媚之能事，除大大夸张自己的能力外，还处处给领导一个暗示——小吴有许多缺点，他不适合这份工作。小王与小吴相处多年，找出一些小吴的失误毫无困难，加之小王又编造了一些似乎很有说服力的证据。小王的这种阴谋活动终于让小吴淘汰出局。

你拿他当朋友，他却在背地里坏你，这其中的伤害可想而知。其实朋友变成同事，这种关系是最不好处理的。因为你们彼此都知情知底，很容易就会揭对方的伤疤。所以处于竞争当中的同事，必须时刻小心提防，特别要对知根知底的"朋友"防一手。正如小吴的遭遇一样，他处于一种"防不胜防"的被动而尴尬的境地。其实，他没有明白这一点：只有进攻才是最好的防守，而绝不能一味防守，否则就会成为替罪的羔羊。

也正是鉴于这种情况，所以有许多人即使是再好的朋友，也不愿意进入同一个机关成为同事，尤其是那种潜伏着利益冲突的同事。朋友好做，只要大家合得来就行，而同事关系的确难处，因为其中充满了勾心斗角。有些时候，只能出现一种情况，那就是损害了以前良好的朋友关系，而这种关系的损害，往往是因为对利益的争夺而形成的，这多少有些叫人寒心。

如果你想成为一个成功的领导人，能得心应手地周旋于同事之间，就要对他人的动作作出冷静客观的判断，并把这动作和自己所处的环境结合起来进行思考。然后，你便可发现其中玄机。我们虽不可为了保护自己而过于谨小慎微，但无论如何，"防人"还是必要的。正是因为有了这种"防护之心"，你才能免于身后那只掩藏的"狼"的偷袭。

中国有句古话："害人之心不可有，防人之心不可无。"人人在其工作、谋生的圈子里都有可能遇到种种"陷阱"，虽然我们未必是设"陷阱"的人，但是如果要做赢家，就必须连别人也考虑进去，防止可能会出现的麻烦。

为人处世你要时刻提醒自己：周围有我们看不见的小人。明枪易躲，暗箭难防。要记住，这个世界并不是总充满着温馨怡人的亲情和友情，它还充满着伪情和欺骗。

防杜鹃——最擅长利用他人

你可以不聪明，但不可以不小心。

杜鹃是一种很有心计的鸟，它们把自己的蛋产在别的鸟类的鸟巢里，而且一般会比别的鸟类早出生，只要一出生它们就把其他的鸟蛋推出鸟巢，并发出凄厉的叫声要吃的。

杜鹃的行为反应出了人际关系的陷阱。在与人交往中，有些人粗心大意到完全没有提防别人的意识，他们常常会被那些心机重的人利用。下面的这个例子，说的就是这个道理：

2004年夏天，盛大上海总部董事长办公室，陈天桥热情地接待了一位"传奇老玩家"——巨人公司的传奇人物史玉柱。主客之间相处融洽，相谈甚欢。陈天桥为了显示自己的诚意，还特意安排盛大的游戏研发团队与史玉柱见面。

热情招待史玉柱的陈天桥怎么也不会想到：他对面的这个人会成为自己的对手。当时的史玉柱还整天在电视上喊着"送礼就送脑白金"，保健品与网游是"井水不犯河水"。当时不过31岁的陈天桥，中国最年轻首富的光环还未退去，他忘记了"江湖"中最为实用的一条规则：对手从来都是悄无声息而来。

尤其是像史玉柱这样的"高手"。史玉柱是改革开放以来中国商业发展的"活化石"，将最轰轰烈烈的失败和成功集一身，是中国商业"邪派"的掌门人物。犹如桃花岛上的黄药师，所有行业的老板都不希望他进入，因为只要他一踏入，"行业必然地动山摇"。

这样的"老江湖"进入网游行业，当然懂得"江湖规矩"。当时网游的"老大"是陈天桥和他的盛大，史玉柱年纪虽长陈天桥几岁，但在网游这块"江湖"上，仍是初出茅庐的"后生"。于是，"网游新生"史玉柱决定先去拜会业界"大佬"陈天桥。

在史玉柱和陈天桥的首次见面中，四通集团的董事长段永基成为了关键人物。段永基多次声称"史玉柱和陈天桥是他最欣赏的人"，当自称"网游老玩家"的史玉柱提出希望见见陈天桥时，段永基是极力撮合。段永基和陈天桥都没想到，做保健品的史玉柱，此行的目的并不单纯。拜见陈天桥后，史玉柱前脚走人，盛大的一个游戏研发团队后脚就投奔了史玉柱。随后，业界传出消息，史玉柱要做"网游"。

一向精明的陈天桥，没料到史玉柱的出手这么"匪夷所思"。面对史玉柱的第一次出手，毫无防备的陈天桥吃了个哑巴亏。史玉柱与陈天桥的"江湖恩怨"自此开始，游戏江湖因为他们而精彩，网游行业从此多了许多"血雨腥风"。

一场惊天动地的"江湖仇杀"，在游戏界揭开帷幕。尽管对于爱玩游戏的人来说，这是最精彩的序章。可是，纵观整个事件，都是因为陈天桥没有防范之心，他没有料到会被人利用。

聪明如陈天桥，也还有失足的时候。可见，在生活中，只要你稍微不注意，就可能落入了别人的圈套，被人利用了。所以我们在与别人的交往中，一定要小心谨慎，尽量提防你身后的"杜鹃"，不要被人利用。

第六章

社交风云场，七大武侠教你"说"

韦小宝：见人说人话，见鬼说鬼话

只有把话说到对方的心坎上，才能给交际架起绚丽的彩桥。

不管是遇到了谁，韦小宝都能把话说到对方的心坎里。尽管他的形象被刻画得有些世俗，但是他那种"见人说人话，见鬼说鬼话"的技巧，是我们不得不学习的。

在生活中，人们难免与人交往，这就需要言语上的沟通。如果不能根据对象的不同而采取不同的言语方式，就容易制造对立，产生麻烦。可是怎样才能在说话中尽量避免得罪他人给自己制造那么多不必要的麻烦呢？这就需要我们学会与不同对象说话的技巧。

1. 与年长者交谈，态度要谦虚

韦小宝刚开始进宫的时候，遇到的第一个人就是海公公。尽管他以后常常被海公公利用，可是他对海公公说话时，却表现出了少有的谦虚和恭敬。对于他的这种表现，别的小太监很不能理解，他却说："他怎么说都是老人家嘛。"

在这里，韦小宝告诉了我们一个道理，那就是要尊重长辈，在与长辈对话的时候，要尽量保持谦虚、恭敬。尽管长辈常常会因为自己的辈分而倚老卖老，可是他们获得的经验，是我们凭借一时的聪明学不来的。

另外，跟年长者交谈的时候，要尽量避开他的年纪，不要一直在重复他的年纪大，这样常常会招致对方的反感。因为很少有人喜欢别人说自己年高，相对之下，他们喜欢显得比自己的真实年龄更年轻，这并非说他们企图隐瞒自己的年龄。事实上他们或许是因为自己能生活得很健康而感到骄傲。

老年人较之常人更易情绪激动，在他们的一生中，他们曾成就过许多值得骄傲的事情，而他们非常喜欢谈论这些作为。他们常喜欢人家来求教他和听他的劝告，喜欢人们尊敬他。

2. 与年幼者交谈，态度应深沉、慎重

很多人认为，"深沉""慎重"这样的词汇，用在韦小宝身上是很奇怪的。因为形象的刻画，他给人的感觉总是有些不负责任的。可是，事实上韦小宝比谁都注意自己的态度，在什么时候说什么话，他的心里也是很清楚的。比如，在比自己年纪小的太监面前，他总是很细心地交给他们一些道理，让他们逐渐地适应宫中的生活。但是，与年幼的人交谈也是很有技巧的：韦小宝从来不让对方直呼他的姓名，尽管亲近，但是保持了一个度，这样说出来的话才能有威信，不至于如同朋友之间开玩笑似的不被人重视。

另外，与年幼者谈一些他们很感兴趣的事物，让他们相信自己是从他们的立场来观察事物的，让他们能明白自己也有与他们一样的观念，这样谈话就能很顺利地进行下去了。

与年幼者交谈时，要注意尽量不要打破他们的梦想，不要使自己的话超过自己的知识范围。尽量讲他们感兴趣的事，不要讲自己感兴趣的事，以把他们吸引过来，而不是让他们吸引自己。

3. 与地位高者交谈，保持自己的个性

在韦小宝看来，与地位高的人交谈，并不一定要用尽全身力气去抬高对方，这样说话往往会得不到对方的尊重。所以，他在与地位高于自己的人谈话时，一直在强调保持自己的个性。比如他与皇上说话，总是用一副别的太监不敢用的态度，而且很滑稽、很有趣。所以皇上在评价韦小宝的时候说："他是唯一一个不做'应声虫'的人。"可见，在地位高于自己的人面前保持个性的重要性。

同时，与地位高者谈话还应注意以下几点：

态度上表现出尊敬；

对方讲话时全神贯注地听；

不随意插话，除非对方希望自己讲话；

回答问题简练适当，尽量不讲题外话；

说话自然，不紧张。

　　除了上述几个类型的人之外，我们还可能遇到其他的人。可是不管对方是什么人，我们都应该向韦小宝那样，做到"见什么人说什么话"。因为只有这样，你才能在职场、商场、情场都左右逢源，应付自如。

金毛狮王：倾听也是一门绝学

与其滔滔不绝地谈论自己，倒不如静下心来，听听别人说什么。

"武林至尊，宝刀屠龙，号令天下，莫敢不从，倚天不出，与谁争锋!"听到这句话，人们便会想到电视剧《倚天屠龙记》里的金毛狮王谢逊。他是真正获得屠龙刀的人，也是唯一有资格获得这把宝刀的人。在电视剧中，谢逊被刻画成了最突出、最威猛、最令人叹服的人，也是最令人叹惋怜悯的人。

他本来有一个很温馨的家庭，可是因为他的师傅成昆不仁，强暴了他的妻子并且杀死了他的全家。谢逊伤心至极，想要找成昆报仇，却不想弄瞎了眼睛。从此以后，谢逊的日子里再也没有了光明。

可是，上天为你关上了一扇门，就必定为你打开一扇窗。因为看不到，谢逊练就了无与伦比的听力，他能够凭借空气的流动而感应到对方的动作和方向。

我们还记得，在光明顶，"金毛狮王"谢逊只因一句不经意的话，就识别出了成昆的身份，并且要跟他寻仇。在这个过程中，谢逊引成昆跳入了深井之中，那里光线很暗，成昆的眼睛看不到，也就分辨不出谢逊的具体位置，只有被动挨打的份。可是谢逊，因为双眼失明多年，练就了绝佳的倾听能力，弥补上了武艺上的不足，终于战胜了成昆，为家人报仇了。

可见，谢逊的倾听之术非同一般。除了武功上的修炼以外，谢逊对于生活中的细节也是及注重倾听的。

有一次，张无忌跟周芷若说起与父母在岛上的生活。他说，那是一段温馨的日子，因为父母都守在他的身边，还有义父。义父是一个很善于倾听的人，你开心的和不开心的事情，都可以跟义父说。因为义父看不见，不能直观地知道他是不是开心，就只能很用心地听他说话。

在那段与义父交谈的日子里，张无忌的心灵上得到了前所未有的轻松。因为在那样的过程里，他感受到了亲情的温暖，也感受到了情感上有人分享的快乐。可是，这样的感触，在他回到了中原以后，就很少有了。因为人们都在忙于打打杀杀，忙于争名夺利，肯定自己，所以他们不会停下来去听听别人说什么。可是，人们总是有被人倾听的需要的，所以与谢逊相处的日子，是张无忌印象当中十分快乐的日子。

从这个片段，我们可以看出倾听的重要性。在现实生活中，我们不会像谢逊那样，将听力练成武学的一种，可是在与人交往的过程中，倾听对于我们来说同样重要。

我们都知道，人们往往对自己的事更感兴趣，对自己的问题更在乎，更喜欢自我表现。一旦有人专心倾听我们谈论自己时，我们就会感到自己被重视、被尊重、被理解。听话者的态度会直接影响说话者的兴趣。假如你是一个说话者，而你的交流者没耐心听你讲话，或者把你的话当耳边风，随便敷衍，你会有好的感觉吗？当然不会。可是，如果对方相当重视你的谈话，你肯定更容易和对方交流。

倾听很重要，现实生活中，许多人却不注意倾听，他们是人群中的活跃者，他们喜欢以自我为中心，在喋喋不休之中让自己占尽谈话的"风头"，而忽视了别人也有谈吐的欲望，别人也渴望交流，最终，在有意无意间，令人感到压抑和被忽视。他们伤害了别人，自己当然也得不到好人缘。

所以，练就"会听"的耳朵要比"会说"的嘴巴更重要，与其滔滔不绝地谈论自己，倒不如静下心来，听听别人说什么。

李寻欢：沉默如飞刀般具有杀伤力

在生活中表现得安之若素、沉默从容，往往要比气急败坏、声嘶力竭更显其涵养和理智。

在很多人的印象中，李寻欢都是一个极具大侠风范的人。他的飞刀，可以让江湖中的人闻风丧胆，可是他的忍让，也让很多人为之动容。尤其是他在经历别人误解的时候不争辩的态度，比飞刀的杀伤力尤甚。

小李飞刀李寻欢是个重情重义的人，在他的世界里，别人总是比自己重要，所以他总是委屈着自己，成全着别人。可是，别人并不能理解他的这份心，有时候还因为他的忍让和牺牲，而对他变本加厉地进行指责，就如同当年阿飞和林仙儿的事情一样。

当年，阿飞迷恋上了林仙儿。年少的他，尽管依稀地感觉到了林仙儿是在欺骗他，可是面对感情的冲动，他完全不能控制自己的心。所以，尽管一次又一次地上当，他对林仙儿的感情依然如旧。

阿飞的这种状态，李寻欢看不下去了。他希望阿飞能够拜托这段感情的折磨，找一个好姑娘来爱他，可是当他把这样的想法说出来的时候，阿飞反而叫他不要管。面对阿飞的执迷不悟，李寻欢坐不住了，他不能眼睁睁地看着阿飞受苦，所以他擅自做主找到了吕凤英，希望能够杀掉林仙儿。这件事被阿飞知道了，他指责李寻欢说："你以为你是什么人，一定要左右我的思想，主宰我的命运。你根本什么都不是，只是个自己骗自己的傻子，不惜将自己心爱的人送入火坑，还以为自己做得很高尚，很伟大！"

尽管阿飞说得刻薄，可是李寻欢看着阿飞，一句话也没有说。他的沉默，他的不为自己辩解，最终感化了阿飞。因为他知道，李寻欢所做的事情都是为了自己好，而李寻欢在面临自己的指责的时候，没有给自己任何的辩解，这种极具自我牺牲的沉默，让阿飞更加内疚。

通过李寻欢的故事，我们知道，沉默有时候也具有一定的杀伤力。尤其是在我们跟别人交流的时候，缄默往往能够起到意想不到的作用。

不理不睬的沉默可以摆脱无聊的纠缠。李寻欢因为武功高强，常常会有人慕名而来，要求跟他比武。可是，李寻欢总是不理不睬。不管对方怎么挑衅，他就是不肯开口说话。时间一长，对方见他没有任何反应，就只好知趣地走开了。

冷漠的缄默能使犯错误者认错改正。龙小云因为父亲的关系，一直对李寻欢存有仇恨之意，所以他做什么事情都是要跟李寻欢作对的。李寻欢受了好朋友的委托，一心想将龙小云教导成人，面对一个心怀仇恨的孩子，他却不知如何是好。无奈之下，他只有选择沉默，任由龙小云对他采取任何报复。龙小云费尽了心思，想要将李寻欢置于死地，可是他的计划一次又一次被粉碎，李寻欢却没有给予他任何的指责，每一次都沉默以对，这让龙小云很是不安。终于他按捺不住内心的折磨，开始向李寻欢承认错误。

由此可见，适当的沉默比滔滔不绝的解释更具有说服力。因为你不说话，别人就会反思自己，到底是什么地方做错了，或者是做了什么不应该做的事情。这样，对方能够从自身找原因，你的目的也就达到了。所以，在与人交谈的时候，要尽量恰到好处地说话，不要只讲自己，表现自己，喋喋不休唱独角戏，而应善于倾听，该沉默时就沉默，这样，你就会成为一个受人欢迎的人。

方世玉：幽默可做"杀手锏"

只要你能逗他们发笑，人们会听任你去骂他们。

方世玉不仅是一个武功高强的人，还是一个幽默的人。有一次，他外公的死对头见到他，十分鄙夷地说："听说你的父亲是医猫医狗的兽医！"他听后微笑地说："是的，你有病没有？"

在别人的侮辱之下，他没有愤怒地骂回去，而是用幽默的话语维护了自己的尊严，并且让对方知道了自己的厉害。可见，幽默也是一种社交的"杀手锏"，它不是哗众取宠，不是尖酸刻薄，而是包含了智慧、涵养的一种表述方式。

幽默的魅力不光体现在语言上，在现代人际交往中，幽默感越来越重要，甚至被誉为没有国籍的亲善大使。无论你从事什么职业，幽默都能使你顺利地度过困难，在社交场合建立起和谐的人际关系，让你成为一个能克服困难的、乐观的、能得到别人喜欢和信任的、在交际场中游刃有余的人。

人人都喜欢和机智风趣、谈吐幽默的人交往，而不愿和动辄与人争吵的人，或沉默寡言、言语乏味的人来往。幽默，可以说是一块具有强磁场的磁石，以此吸引着大家；也可以说是一种调换剂，使烦恼变为欢畅，使痛苦变成愉快，将尴尬转为融洽。

幽默的重要作用，在风起云涌的政坛上表现得尤为明显。

林肯的幽默也是他的长面，在与道格拉斯的大辩论上，林肯面对阴险狡诈的对手，把自己的幽默口才表现得淋漓尽致，予以有力的回击。

一次，当道格拉斯故意改换了他的观点并对他过去的观点提出质疑时，林肯说："因为我说'你摘下了帽子'，你马上又把它戴上，并以此来向我证实我是个骗子。"又有一次，道格拉斯说："在白人和黑人之间我选择白人，黑人与鳄鱼之间，我选择黑人。"林肯反击道："黑人和白人的关系，就如同鳄鱼和黑人的关系。因为黑人有权将鳄鱼作为爬行动物，好吧，您想说的话终于说出来了！"

1959年，美国副总统尼克松赴苏联主持美国展览会。在尼克松赴苏之前不久，美国国会通过了一项关于被奴役国家的决议。苏联领导人赫鲁晓夫对此极端不满。因此，当尼克松与他会晤时，他极端傲慢无礼，表现出一种从未有过的傲气，十分气愤而又极端蔑视地对尼克松说："我很不了解你们国会在这么一次重要的国事访问前夕，通过这种决议。这使我想起了俄国农民的一句谚语：'不要在茅房吃饭。'你们这个决议臭得像刚拉下来的马粪，没有比这马粪更臭的东西了。"

对这些傲慢无礼的言辞，尼克松毫不客气地回敬道："我想主席先生大概错了，比马粪还臭的东西是有的，那就是猪粪！"赫鲁晓夫听后，傲气大挫，不由得脸上泛起了一阵红晕。原来他年轻时当过猪倌，毫无疑问闻过猪粪的气味，因此机智的尼克松立刻抓住赫鲁晓夫这一痛处，使赫鲁晓夫自讨了没趣。

我们不仅可以利用自己的幽默维护自己的尊严，有时还可以用幽默极其有力地打击我们的敌人。

当年在美国主办《中西日报》的伍磐昭在一次演讲中，在谈到袁世凯时，他说："袁世凯在生平可以说他只做了一件大利大益于中国的事。"所有人听后都感到非常愕然，也都非常急于知道究竟是哪一件事。他这才回答说："这件大利大益于中国的事就是他死了——绝对地死了，而且很合时机地死了。"这一幽默的话语，使在场的人都为之会意地笑了。

即使你从事的工作单调乏味或是较为艰苦，也千万不要让自己变得灰心丧气，更不要与其他同事在一起抱怨，而要保持乐观的心境，让自己变得幽默起来。因为乐观和幽默可以消除同事之间的敌意，更能营造一种和谐亲近的人际氛围，有助于你自己和他人变得轻松，从而消除了工作中的乏味和劳累。最为重要的是，在大家眼里你的形象会变得可爱，容易让人亲近。

黄蓉：抓住对方的软肋，掌控说话主动权

你的嘴巴是最能掌控主动权的。

黄蓉，是金庸笔下唯一在两部小说里出现的女性形象。她的活泼开朗、聪明伶俐，给人留下了深刻的印象，而最让人难忘的，就是她总是能够说出让人惊讶的话来：在郭靖被欧阳锋抓起来的时候，黄蓉用她爹黄老邪的身份激欧阳锋，差点儿让他走火入魔；在敌人压境的时候，她又能说出杨康的种种可疑行径，让敌人摸不清思绪，不知道到底应该相信谁……

不管面对什么样的困境，黄蓉总能有应对的办法，这其中有一个常常被人们忽视的诀窍，那就是：黄蓉总是能够看清楚对方是什么人之后再说话，因为这样就能够很轻易地抓住对方的软肋，掌控说话的主动权。

1. 死板的人

在金庸的笔下，郭靖是比较死板的人。跟他交谈，即使你很客气地和他打招呼、寒暄，他也不会作出你所预期的反应来。他通常不会注意你在说些什么，甚至你会怀疑他是否听得进去。

遇到这种情况，黄蓉总是花些工夫注意他的一举一动，从他的言行中寻找出他所真正关心的事来。黄蓉会随便和他闲聊一些看似无关紧要的话题，只要能够使他回答或产生一些反应，那么事情也就好办了，接下去，黄蓉就会好好利用这些话题，让他充分表达自己的意见。

可见，死板的人也有突破口。每一个人都有他感兴趣、关心的事，只要你稍一触及，他就会滔滔不绝地说，此乃人之常情。

2. 傲慢无礼的人

杨康是一个自视清高、目中无人的人，时常表现出一副"唯我独尊"的样子。像这种举止无礼、态度傲慢的人，实在让人看了生气，是最不受欢迎的类型。

对付这种类型的人，黄蓉采用的办法是：说话简洁有力才行，最好少和他啰唆，所谓"多说无益"正是如此。但是，黄蓉在与杨康打交道的时候，通常都很小心，尽量避免掉入他的陷阱。因为这种人，如果你没有达到他的期待，就可能对你心存记恨，伺机报复。

3. 深藏不露的人

西毒欧阳锋是个深藏不露的人，他从不肯轻易让人了解其心思，或让人知道他在想些什么。有时甚至说话不着边际，一谈到正题就"顾左右而言他"，自我防范心理极强。可是，不管他怎么防范，黄蓉总是有办法说出自己的真实想法。

她通常都是这样做的：把自己准备的错误信息拿给对方看，之后观察对方的反应。通常情况下，深藏不露的人即使在说话上再怎么小心，也会疏于对表情的管理。黄蓉正是利用这一点，才能从欧阳锋那里套出了很多有用的信息。

利用她的方法，在生活中，当你遇到这么一个深藏不露的人时，你只有把自己预先准备好了的资料拿给他看，让他根据你所提供的资料作出最后决断。

人们多半不愿将自己的弱点暴露出来，即使在你要求他作出回答或进行判断时，他也故意装傻，或者故意言不及义地闪烁其词，使你有一种"莫测高深"的感觉。其实这只是对方伪装自己的手段罢了。

4. 过分糊涂的人

洪七公是让黄蓉比较挠头的一个人。因为他对什么事情都不上心，好像精明又很糊涂的这么一个人。他在开始的时候常常就没弄懂黄蓉的意思，所以尽管黄蓉尝试着跟他沟通，却总是没什么效果。

因为他经常是这样的，时间长了，黄蓉也就不对他抱有什么能够顺利沟通的希望了。所以，在交流之后，也常常会准备一个备用方案。

由此可见，聪明如黄蓉，也要学会跟不同的人交谈的技巧。只有了解了对方是什么人，你才能巧妙应付一切难题。

楚留香：委婉权当艺术

在人际交往的复杂战场上，最隐晦曲折的路线往往最先到达目的。

楚留香以"处处留香"闻名，可是他的身上也不乏优点，比如说话委婉就是其中的一个。

司空摘星找了个机会跟楚留香表明心意的时候，楚留香对她说："星星是属于天上的，我怎么可以摘回家呢？"话说得委婉、体贴，顾全了女孩子的面子，同时也表明了自己的心意。

楚留香的这种委婉的说话技巧，于我们，同样适用。因为大千世界中的每个人，都有自己独特的个性、独特的爱好和不同的生活态度，在相互交际中不可避免地会产生观念上的差异。如果我们能在不否定他人见解的前提下得体地表达自己的意思，那么就会达到交际上的成功。

生活中有许多事情是"只可意会，不可言传"的。如果说话者不相信听众丰富的理解力，把所有的意思和盘托出，这种词意肤浅、平淡无味的话语不但会使人不乐，而且会使说话失去魅力。列宁在研究费尔巴哈《宗教本质演讲录》时，摘录了这样一段话："顺便说说，俏皮的写作手法还在于：它预计到读者也有智慧，它不把一切都说出来，而让读者自己去说出那样一切关系、条件和界限——只有在这些关系、条件和界限都具备时说出来的那句话才是真实的和有意义的。"

可见，委婉含蓄主要具有如下三种情况：第一，人们有时在表达某种心事、提出某种要求时，常有种担心、为难心理，而委婉含蓄的表达能克服这个问题。第二，每个人都有自尊心。在人际交往中，对对方自尊心的维护或伤害，常常是影响人际关系好坏的直接原因，而有些表达，如拒绝对方的要求、表达反对对方的意见、指责对方等，又极容易伤害对方的自尊。这时，委婉含蓄的表达常能起到既能完成表达任务，又能维护对方自尊的效果。第三，有时在某种情境中，例如碍于第三者在场，有些话就不便说，这时可委婉含蓄地表达出来。

委婉虽然是一种"治标剂"，但是语言交际中的一种极其重要的"缓冲"，它会让原本可能困难的交往变得顺利起来，让听者在比较舒适的氛围中领悟到话中有话的深意。

林肯一直习惯用具有视觉效果的词句来说话。对于每天送到白宫办公桌上的那些冗长的、复杂的官式报告，他感到非常反感。他决定提出反对意见，但他不以那种无味的词句来表示反对，而是以一种几乎不可能被人遗忘的图画式字句说出来："当我派一个人出去买马的时候，"他说，"我并不希望这个人告诉我这匹马的尾巴有多少根。我只希望知道它的特点在哪里就可以了。"

林肯这样说，手下的人自然明白了他是什么意思，以后办公桌上的报告就变得简洁易懂了。

可见，林肯用委婉的说话方式让下属明白了自己究竟为何不满，这比起那些刻意的批评更能让人容易接受，而且它所起到的效果一点也不比刻意的批评来得逊色。

在生活中，很多人说话直来直去，经常不顾及别人的感受。这样，虽然你尖刻的话语起到了你想要的效果，可是在这同时你也把对方得罪了。但是，委婉说话就不一样了。它能让对方明白你的心意的同时，还感受到了你的体贴与爱护，自然会变得对你格外尊敬。

所以，懂得委婉说话的人，永远都是受到别人欢迎的。

段誉：用赞美赢得"有情"人

赞美如花，让别人的心坎里也绽放芬芳。

观看《天龙八部》，段誉与王语嫣的爱情感动了无数少女。尤其是两人双双落入井中，相互鼓励、相互支撑的画面，让很多观众感动不已。

我们都知道，在开始的时候，王语嫣的芳心是属于她的表哥慕容公子的。尽管段誉也对她表现出了好感，可是这位王姑娘就是不肯给他人接近的机会。可是，段誉最拿手的就是能够看到别人的好，并且能够及时地表达出来。比如：他看到王语嫣弹琴，就对王姑娘的琴声大加赞赏；看到王姑娘对慕容公子的一片痴情，尽管心中充满了醋意，却仍然不忘称赞她是看重感情的好女孩……

聪明绝顶的王姑娘自然不会为了几句夸奖的话就乱了方寸，可是段誉的赞赏，说得合情合理，让她有了一种"懂我者除段誉再无他人"的知音感，所以对段誉也就越来越珍惜。最终，王姑娘放弃了慕容公子而选择了段誉。在这个过程中，段誉的赞赏起到了不容小觑的作用。

用赞赏获得"有情人"，这种方法不仅适用于恋人之间，在与其他人交往中，也一样适用。马克·吐温曾说过："只要一句赞美的话，我就可以充实地活上两个月。"喜欢听好话、受赞美是人的天性之一。每个人都会对来自社会或他人的得当赞美，而感到自尊心和荣誉感得到满足。而当我们听到别人对自己的赞赏，并感到愉悦和鼓舞时，不免会对说话者产生亲切感，从而使彼此之间的心理距离缩短、靠近。人与人之间的融洽关系就是从这里开始的。

法国总统戴高乐 1960 年访问美国时，在尼克松为他举行的一次宴会上，尼克松夫人费了很大的劲布置了一个美观的鲜花展台：在一张马蹄形的桌子中央，鲜艳夺目的热带鲜花衬托着一个精致的喷泉。精明的戴高乐将军一眼就看出这是女主人为了欢迎他而精心设计制作的，不禁脱口称赞道："女主人为举行一次正式宴会要花很多时间来进行这么漂亮、雅致的计划和布置。"

尼克松夫人听了，十分高兴。事后，她说："大多数来访的大人物要么不加注意，要么不屑为此向女主人道谢，而他总是想到和讲到别人。"

在以后的岁月中，不论两国之间发生什么事，尼克松夫人始终对戴高乐将军保持着非常好的印象。

一句简单的赞美他人的话，会带来多么好的反响，就好像是晚餐桌上的甜点，虽然并不一定合乎自己的口味，但是有它在，你的心里就会多了一份温馨，多了一份快乐。

美国商界中，年薪最早超过100万美元的管理者叫查尔斯·斯科尔特。他在1921年被安德鲁·卡内基选拔为新组建的美国钢铁公司的第一任总裁，而当时他只有38岁。

为什么斯科尔特能够获得如此高的年薪呢？他是天才吗？当然不是。斯科尔特亲口说过，对于钢铁怎样制造，他手下的许多人比他懂得还要多。

斯科尔特说，他能够拿到这么多的年薪，是因为他知道跟别人相处的本领。他说那只是一句话，但这句话应该刻在全世界任何一个有人住的地方，每个人都要背下来，因为它会改变我们的生活。他说："我认为，我那些能够使员工鼓舞起来的能力，是我拥有的最大的资产，而能够让一个人发挥出最大能力的方法就是鼓励和赞美。"

每个人都希望获得别人的赞美，没有人喜欢遭到别人的指责和批评。赞美的好处不胜枚举，可是，生活中常常有人吝啬这么做。曾经听说过"吝啬赞美是最大的吝啬"，赞美一个人你不必损失什么，只要动动口就行了，连这点小事都不愿做，甚至故意对别人的优点"视而不见"，这种人除了引起别人的厌恶，根本不可能获得别人的真心认可。

在生活里，我们不乏多花些心思在别人的优点上，这样不仅可以让你在学习对方的过程中获得进步，更重要的是，你的一声赞美，赢得了别人的心花怒放，同时也取悦了自己的心情。利人利己，我们何乐而不为呢？

第七章

九型人格的社交密码

完美型人格：渴求完美太苛刻

童话里的完美世界是不可能在现实生活中出现的。

完美型人格一直坚持这样的观点："我若不完美，就没有人会爱我。"所以，他们对自己和他人的要求都非常高，希望每一件事情都做得十分完美。可是人生并没有完美可言，那些童话里流传的理想世界是不可能在现实生活中出现的。所以，完美型人格如果不能接纳生活中的不完美，而一味地苛求完美生活，那么到头来也不过是自寻烦恼。

在印度佛教的《百喻经》中，有这样一则可笑而发人深省的故事。

有一位先生娶了一个体态婀娜、面貌娟秀的太太，两人恩恩爱爱，是人人称美的神仙美眷。这个太太眉清目秀，性情温和，美中不足的是长了个酒糟鼻子，好像失职的艺术家，对于一件原本足以称傲于世间的艺术精品，少雕刻了几刀，显得非常的突兀怪异。

这位丈夫对于太太的鼻子终日耿耿于怀。一日出外去经商，行经贩卖奴隶的市场，宽阔的广场上，四周人声沸腾，争相吆喝出价，抢购奴隶。广场中央站了一个身材单薄、瘦小清癯的女孩子，正以一双汪汪的泪眼，怯生生地环顾着这群如狼似虎、决定她一生命运的大男人。

这位丈夫仔细端详女孩子的容貌，突然间，他被深深地吸引住了。好极了！这个女孩子的脸上长着一个端端正正的鼻子，不计一切，买下她！

这位丈夫以高价买下了长着端正鼻子的女孩子，兴高采烈，带着女孩子日夜兼程赶回家门，想给心爱的妻子一个惊喜。到了家中，把女孩子安顿好之后，他以刀子割下女孩子漂亮的鼻子，拿着血淋淋而温热的鼻子，大声疾呼："太太！快出来哟！看我给你买回来最宝贵的礼物！"

"什么样贵重的礼物，让你如此大呼小叫的？"太太狐疑不解地应声走出来。

"喏！你看！我为你买了个端正美丽的鼻子，你戴上看看。"

丈夫说完，突然抽出怀中锋锐的利刃，一刀朝太太的酒糟鼻子砍去。霎时太太的鼻梁血流如注，酒糟鼻子掉落在地上，丈夫赶忙用双手把端正的鼻子嵌贴在伤口处。但是无论丈夫如何的努力，那个漂亮的鼻子始终无法粘在妻子的鼻梁上。

可怜的妻子，既得不到丈夫苦心买回来的端正而美丽的鼻子，又失掉了自己那虽然丑陋但是货真价实的酒糟鼻子，并且还受到无端的刀刃创痛。而那位糊涂丈夫的愚昧无知，更叫人可怜！

这个行为虽然让人觉得有些可笑，但是人们追求完美的心理，却与文中那个手拿利刃的丈夫如出一辙。有些人以为自己追求完美的心理是积极向上的表现，其实他们才是最可怜的人，因为他们是在追求不完美中的完美，而这种完美是不存在的。

俗话说："金无足赤，人无完人。"每个人都会有这样那样的缺陷和不足。所以在与人交往的时候，就不能以完美的心态去要求别人、设计别人，而应该给与别人更多的包容和理解，接纳对方的缺点和不足。只有这样，我们才能在与人交往的过程中收获到更多，结交到更多的朋友。当然，放下追求完美的心态，我们也能在与人相处的过程中减少很多不必要的烦恼和忧伤，也就不会总是对人倍感失望了。

给予型人格：乐于助人没话说

善待身边的每一个人，就等于善待自己。

"我能与不同性情的人交往，因为对于不同的人，我可以尽量满足他们的需要，帮助他们渡过难关，但我并不是在拍马屁，我只是时刻希望别人在危难的时候能够想起我，并且能够通过我的帮助，获得快乐。"

人际交往中，给予者是这么说的，也是这么做的。他们会在别人最需要的时候伸出援助之手，可是也正因为如此，给予者常常会成为人际交往中最受欢迎的人，他们也因此而常常得到意外的收获。

一天，一个贫穷的小男孩为了攒够学费正挨家挨户地推销商品。劳累了一整天的他此时感到十分饥饿，摸遍全身，却只有一角钱。怎么办呢？他决定向下一户人家讨口饭吃。当具有给予型人格的马迪亚打开房门的时候，这个小男孩却有点不知所措了，他没有要饭，只乞求给他一口水喝。马迪亚看到他很饥饿的样子，就拿了一大杯牛奶给他。男孩慢慢地喝完牛奶，问道："我应该付多少钱？"马迪亚回答道："一分钱也不用付。妈妈教导我们，施以爱心，不图回报。"男孩说："那么，就请接受我由衷的感谢吧！"说完男孩离开了这户人家。此时，他不仅感到自己浑身是劲儿，而且还看到上帝正朝他点头微笑。其实，男孩本来是打算退学的。

数年之后，马迪亚得了一种罕见的重病，当地的医生对此束手无策。最后，她被转到大城市医治，由专家会诊治疗。当年的那个小男孩如今已是大名鼎鼎的霍华德·凯利医生了，他也参与了马迪亚医治方案的制订。当看到病历上所写的病人的来历时，一个奇怪的念头霎时间闪过他的脑际。他马上起身直奔病房。

来到病房，凯利医生一眼就认出床上躺着的病人就是那位曾帮助过他的恩人。他回到自己的办公室，决心一定要竭尽所能来治好恩人的病。从那天起，他就特别地关照这个病人。经过艰辛努力，手术成功了。凯利医生要求把医药费通知单送到他那里，在通知单的旁边，他签了字。

当医药费通知单送到这位特殊的病人手中时，她不敢看，因为她确信，治病的费用将会花去她的全部家当。最后，她还是鼓起勇气，翻开了医药费通知单，旁边的那行小字引起了她的注意，她不禁轻声读了出来："医药费——一满杯牛奶。霍华德·凯利医生"

因为帮助了别人，所以在自己需要的时候常常会得到别人的帮助，这是给予型人格经常遇到的事情。其实，在人际交往中，所有人都应该努力使自己成为给予型的人，在对方需要的时候主动给予关怀，这样，人们之间就会少了很多冷漠，多了些许温暖。

成就型人格：害怕亲密要适度

刺猬之所以满身是刺，是因为它想与其他事物保持距离。

常言道"一回生，两回熟，三回四回是朋友"，可对具有成就型人格的人来说，这句话却无用。他们认为，外面的世界充满了危险和侵犯，保护自己的最好方式就是与周围的人和世界维持一个安全的距离。他们总是一副不愿意与别人"深交"的样子，与任何人都是一种"君子之交淡如水"的交往习惯。

既然成就型人格的人对自己有一层保护网，难以让人走近他，那么跟这样的人交朋友，就一定要懂得保持距离，不要让"自来熟"的习性破坏了彼此之间和谐自然的关系。

其实很多时候，有一定距离的友情，反而更容易维持，因为人和人之间如果走得太近，就容易因为彼此过于了解而产生摩擦，如果过于疏远了，友情也就变淡了。所以，保持一定的距离，不过分亲近也不过于疏远，才是友情的最佳"保鲜法"。

蕨菜和离它不远的一朵无名小花是好朋友。每天天一亮，蕨菜和无名小花就扯着嗓子互致问候。日子久了，它们都把对方当成自己最知心的朋友。同时，它俩发现，由于相距较远，每天扯着嗓子说话很不方便，便决定互相向对方靠拢，它们认为彼此之间距离越近，就越容易交流，感情也越深。

于是，蕨菜拼命地扩散自己的枝叶，它蓬勃地生长，舒展的枝叶像一把大伞，无名小花则尽量向蕨菜的方向倾斜自己的茎枝，它俩的距离越来越近了。

出乎意料的是：由于蕨菜的枝叶像一柄张开的大伞，它不仅遮住了无名小花的阳光，也挡住了它的雨露。失去阳光和雨露滋润的无名小花日渐枯萎，它在伤心之余，不再与蕨菜共叙友情，相反，认为是蕨菜动机不良，故意谋害自己，便在心里痛恨起蕨菜来。

蕨菜呢，由于枝叶过于茂盛，一次狂风暴雨后，它的枝叶被折断了许多，身子光秃秃的。看着遍体鳞伤的自己，蕨菜把这一切后果都归咎于无名小花，如果没有无名小花，它也绝不会恣意让自己的枝叶疯长的。

于是，一对好朋友便反目成仇了。

从这则故事中，我们看到了距离的重要性。其实，距离是人际关系的自然属性，亲密的两个朋友也不例外。你们成为好朋友，只说明你们在某些方面具有共同的目标、爱好或见解以及心灵的沟通，但并不能说明你们之间是毫无间隙、可以融为一体的。过于亲近，有时会被刺伤，过于疏远，又感受不到友情的温暖，只有把握好相处的距离，才能让友谊之树常青。

例如，当你要去拜访别人时，应尽量做到不当不速之客，而要尽可能在光临前先与对方联系好；在交谈中如果发现对方有"比较忙"的细微表示时，应尽快把话说完，迅速起身告辞；谈话中不要对人家的家庭情况像查户口似的问个没完没了；不要乱动人家的东西，等等。

有人以为，作为好朋友就应该有福同享，有难同当。其实不然，好朋友之间见面和交往的机会虽然比其他人多，可是任何事都要有个"度"，超越这个度你得到的就是相反的结果。

艺术型人格：追求个性很自我

走自己的路，也要听听他人怎么说。

具有艺术型人格的人认为个性很重要，因此常常逆潮流而行，表现自己反传统的观念和与众不同的行为方式。但是，他们的这些做法常常会招来别人的不解，认为他们不过是哗众取宠，为了引起别人的注意，有些人甚至还会因此而轻视这些想要保持个性的人，并通过各种可能的方法对其进行惩罚。所以，如果保持自己的个性，活得太自我，不能得到社会的认同，是很危险的，因为你必须要为自己的行为付出很多的代价。

小敏很喜欢时装设计，她的设计风格总是追求一种另类，可是她的生活圈子里多是思想比较保守或者对服装没有太多认识和研究的人。刚开始的时候，人们觉得女孩的服饰很特别，能够给人耳目一新的感觉，可是时间久了，别人就开始觉得她太过于强调服饰上的追求，对于生活太苛刻了，渐渐地，就与她疏远了。

可见，在保持个性的同时，如果不能融入集团当中，跟别人做到融合，那么对于自己来说，是要承担很大的压力的。社会是一个由无数个体组成的人群，每个人的生存空间并不很大，所以当你想伸展四肢舒服一下的时候，必须注意不要碰到别人。

的确，张扬个性肯定要比压抑个性舒服，但是如果张扬个性仅仅是一种任性，仅仅是一种意气用事，甚至是对自己的缺陷和陋习的一种放纵，那么，这样的张扬个性对你的前途肯定是没有好处的。

很多人热衷于张扬的个性，相当一部分是一种习气，是一种希望自己能任性地为所欲为的愿望。他们不希望把自己的行为束缚在复杂的条条框框中，他们希望畅快地发泄自己的情绪。

但作为一个社会中的人，真的能这么"洒脱"吗？比如你走在公路上，如果仅仅走自己的路而不注意交通规则的话，警察就会来干涉你，会罚你的款。如果你走路也要张扬个性，一味横冲直撞的话，还有可能出车祸，为张扬个性付出血的代价。

鹤立鸡群被鸡啄，所以从某种意义上来说："走自己的路，让别人去说吧！"这种态度在现实生活中是不大行得通的。

当你张扬个性的时候，必须考虑到你张扬的个性是什么，必须注意到别人的接受程度。如果你的这种个性是一种非常明显的缺点，你最好的选择还是把它改掉，而不是去张扬它。

不要使张扬个性成为你纵容自己缺点的一种漂亮的借口。社会需要你创造价值，社会首先关注的是你的工作品质是否有利于创造价值。个性也不例外，只有当你的个性不至于影响到别人，你的个性才能被社会接受。

我们可以看到许多名人都有非常突出的个性，爱因斯坦在日常生活中不拘小节，巴顿将军性格极其粗野，画家凡·高是一个缺少理性、充满了艺术妄想的人，但这并不代表个性就是正确的、必需的。

名人因为有突出的成就，所以他们许多怪异的行为往往被社会广为宣传，有些人甚至产生这样的错觉：怪异的行为正是名人和天才人物的标志，是其成功的秘诀。

我们只要认真分析一下，就会发现这种想法十分荒谬。

名人确实有突出的个性，但他们的这种个性往往表现在创作的才华和能力之中。正是他们的成就和才华，使他们的特殊个性得到了社会的肯定。如果是一般的人，一个没有多少本领的人，他们的那些特殊的行为可能只会遭到别人的嘲笑。

只有将个性融合到创造性的才华和能力之中，才能够被社会接受。所以，具备艺术型人格的人，如果你的个性没有表现为一种才能，仅仅表现为一种脾气，它往往只能给你带来不好的结果。

适当地收一收你的个性，尽可能与周围的人协调一些，这才是一种成熟、明智的选择。

领导型人格：说话大声好命令

我不是你的下属，你不用总是"批评"我。

许微是领导型人格的一个典型。最初她在一所中学当老师，离职后，转任人寿保险公司业务员。由于性格所致，在与同人、客户说话时，她常不自觉地说："我这样讲，你懂不懂？"或"你懂我的意思吗？"有时，也会脱口告诉朋友："哎呀，你衣服不能这么穿啦！"

后来，有个男同事对她说："我们是你的同事，不是你的学生，拜托你讲话时，不要一直问我们'懂不懂'好不好？好像我们都很笨的样子！"

的确，具有领导型人格的人与周围的人在沟通时，习惯用"指导性语言"去教导、指正别人。不管自己懂不懂，也不管自己做得好不好，就习惯"指导别人"该怎么做。

虽然，有时"善意的指导"确实对别人有益，但对不熟、刚认识的人，或在公开的场合，动不动就要以"自己很棒、很厉害"，"我来指导你"的态度来指正对方，则常会引来别人的反感与讨厌。

因此，具备领导型人格的人，千万不能使用过多的"指导性语言"。因为这些语言如果用得不恰当，或用得太多，就会变成"批评"，甚至是"找碴"。指导性语言通常带有"上对下"的教训口吻，对方听起来就会不高兴，这有违平等交流的原则。因为不管是名流显贵还是平民百姓，作为交谈的双方，他们都应该是平等的。

向初次见面的人推销自己时，决定成败的关键何在呢？第一当然是要有热忱，人们绝不会被缺乏热忱的人所感动，而这一点并不限于初次见面。所以，当你尚未决定把一件工作交给某一个人完成时，想要争取这份工作的人，都会竞相表现他们的热忱。

而相比起"让我做"这句话，我们大概更喜欢听到"请给我一个机会"。同事之间，因双方彼此都不了解，就有必要保持一种节制。再者，"让我做"听起来有些盛气凌人的意思，这是我们所不喜欢的，而"请给我一个机会"就比较婉转，既保持热忱又使别人感到很舒服。

此外你还应该学会添加一些亲切的话题。比如："早上好！今天真热啊！""辛苦你了！今天很忙吧?"

这样的话题，可以说也属于问候语的范畴，所以，如果添上这么一两句的话，无疑会有更佳的效果。

对你身边的人多加一些关心的问候语，他一定会先感到惊讶，然后喜形于色吧！说不定这一问候语就是你俩友谊的开端，让你们成为无话不谈的好朋友呢！这可比令人生厌的指导命令性话语好得多。

享乐型人格：夸大自我爱吹牛

吹牛的目的是为了让自己充满吸引力，以得到其他人的崇拜和爱慕。

"万人迷"这个词语用在享乐主义者的身上再合适不过。他们非常合群，而且能说会道；他们魅力十足，喜欢享乐。无论你提议干什么，他们都想干；无论你提议去哪里，他们都想去。享乐主义者热情直率，他们习惯于用夸张的肢体动作如拥抱、拍打或抚摸来表达自己的情绪。

不过，在成为万人迷的同时，他们逃避问题及避开不利处境的性格倾向常常使他们成为名副其实的吹牛大王，战国时期的季孙氏便是这种人。

艾子是战国时齐国人，在"战国四君"之一的孟尝君的家里做食客已经三年，孟尝君对他很尊重，视为嘉宾。后来他又从齐国回到鲁国，与季孙氏相遇。

季孙问他："您在齐国住了那么久，那么请问齐国最有德才的人是谁？"艾子说："没有比孟尝君更好的。"季孙说："孟尝君有什么德行？"艾子说："孟尝君家里有食客三千，食客们穿好的吃好的而孟尝君一点儿也不厌烦。他若不是个大好人，能做到这样吗？"

季孙冷笑了一下说："您这是在瞧不起我啊，我家也养着三千食客，难道就只有那个号称孟尝君的田文才有这个德行吗？"听他这么一说，艾子不觉肃然起敬，说："失敬，失敬，我现在才知道您也是鲁国的大贤人啊，我明日就登门造访，到您府上会会那三千食客。"季孙说："好吧。"

第二天一早，艾子洗漱干净、穿戴整齐就去拜访，一走进季孙的大门，静悄悄的；到了大厅里，连个人影也没有。艾子纳闷：莫非食客们住在别的馆舍吧？过了好大一会儿，季孙才出来，艾子问他："食客在哪里?"季孙装出一副怅然若失的样子说:"先生您来得太晚啦,三千食客各自回家吃饭去了!"艾子方知季孙玩了大骗局,是个死不要脸的吹牛家,就打心眼里对他嗤之以鼻,嘿嘿冷笑两声就走了。

为什么季孙喜欢自我炫耀,说出一些和事实不相符的事情来呢?心理学家认为,补偿自我的需要是引起吹牛的常见心理原因。同样,享乐主义者喜欢夸大自己的能力和身份,实际上是出于心理补偿。这时吹牛既是为了弥补落差,在心理上达到理想自我的境界,也是出于让自己充满吸引力、希望得到其他人的崇拜和爱慕。其次,他们期望借助大话提高自信、降低内心的恐惧和焦虑,例如当对手向自己进行挑战时,就可以通过吹牛在刻意"蔑视"对手的同时,增强自信心。

了解到享乐主义者惯于吹牛的原因,与其交往,我们就可以做到有的放矢:

1. 给他自我展示的机会

例如,明明知道他在吹牛,也要认真倾听,并适时赞美;在参加集体活动时,鼓励他表演节目,适当表现自己。总之,利用一切办法满足他们自我表现的欲望。当他们认为别人已经看到自己的价值时,自然不再会用吹牛这样的方法来换取别人的注意。

2. 不要对他进行过分的夸奖

过度的夸奖,易给享乐主义者带来心理负担,使他朝两个方向发展,要么变得焦虑,遇到困难容易退却;要么产生我比谁都强的心理,不允许或不能接受别人超过自己的事实。每当这种情况出现时,善于逃避现实的享乐主义者便开始编织一个又一个理想中的情景来麻痹自己。因此,在夸奖他们时一定要实事求是,不要夸大其词,并在表扬的前提下给他指出不足之处。

3. 以身作则,树立好榜样

俗话说"近朱者赤,近墨者黑"。如果我们平常就把牛吹得满天飞,当别人发现事实并不是那样的时候,就会产生一种被欺骗的感觉,继而自己也陷入吹牛的旋涡。所以自己一定要以身作则,为别人树立一个良好的榜样。

观察型人格：自我封闭难接近

这个世界没有什么不可能，张开怀抱，就能与幸福相迎。

张爱玲、梁朝伟、爱因斯坦……都是观察者中的佼佼者，在他们身上，我们可以看到：内向、孤独、喜欢思考多于交谈、喜欢独处胜过聚会等观察者的性格特征。张爱玲一生孤独寂寞，最后老死在美国的寓所，身边没有一个亲人朋友；梁朝伟小时候家庭的不幸让他学会对着家里的镜子倾诉心事，这些或许可以解释为什么他能够在《花样年华》中出演对着树洞倾诉故事的周慕云。

观察者专注工作的样子很迷人，然而当你要走进他们世界时，你会发现很难。他们总是小心翼翼地保护着自己的那一方小天地，像是一个城堡，你永远只能在外面徘徊而无法获准进入。

与人交往，保持适当的距离很必要，但与别人的距离太远何尝不是一种风险？因为这些将意味着你不容易得到友谊，孤独也会追随你一生。

19世纪的时候，有一个勇敢的年轻探险家，想尝试《鲁滨孙漂流记》中主人公的荒岛生活。于是，他独自来到一个荒岛上，独居了4年。在这4年中，他可以自如地应付自然界的残酷，满足自己生存所需要的一切，却无法忍受孤独的感觉。为此，他学鲁滨孙养了一条狗、一只鹦鹉，以及几头野兽为伴，每天和这些动物们进行长谈。但是，他仍然常常陷入精神恍惚的状态，不能自拔。4年后，他虽然重新回到了家人的身边，却无法完全恢复以前与人交往的能力。

无独有偶，还有一位叫伯尔的海军上将曾经在他的著作《孤独》中讲述了他在北极探险期间一个人独居6个月时的生活感受。这6个月，他是在被冰雪掩埋下的小木屋中孤独地度过的。伯尔也是主动要过与世隔绝的生活的，他想真切地体验一下孤独生活的和平与宁静，但出乎他意料的是，他仅仅在冰雪下的小木屋里孤独地生活了 3 个月，就陷入了极度忧郁的状态，不得不在 6 个月后，悻悻地返回人间社会。

因自我封闭而倍感人际疏离的人越来越多。自我封闭不仅是人际交往的天敌，更是现代人孤独感、压抑感的来源之一。在当今社会里，人们之间的交流越来越多地限于电话、电子邮件，而少了一份面对面的交流与沟通，于是一堵无形的心墙拉开了人与人之间的距离。

要想摆脱孤独感的折磨，就必须开放自己。就像身处一个无人的山谷，只有自己主动向外走，才能离开这片荒凉之境。同样，要获得丰富深刻的人际感情，你也需要走出自己的小天地，去和别人交往。其实人生来就是一种社会性的动物，单靠自己个人的力量生活在这个世界上显然是不够的。尤其在现代社会，人与人之间需要展开广泛深入的合作，才能共同完成一件事，所以学会交往和合作是非常重要的生存之道。而且，人只有在交往中，才能体会到各种情感体验所带来的愉悦。所以，交往是人生非常重要的课程，需要你努力用心地去学习和实践。你的投入越多，获得的回报也越大，幸福感也越强烈。

怀疑型人格：没有根据乱猜疑

思想有它的偏见，感觉有它的不确定性。

你总是疑神疑鬼吗？是否喜欢翻看对方的手机、邮件等私人物件；习惯猜测别人的所思所想，不管人家说什么，都会觉得对方不怀好意；看到有人悄悄议论，就疑心在说自己的坏话；看见别人学习很用功，就疑心他有不良企图？

如果是这样，那么毋庸置疑，你所具有的就是怀疑型人格。

善疑者的注意力就像一台红外线的扫描仪，总是想检查别人的内心，看看别人的真实想法到底是什么，表面现象的背后隐藏了什么事实，微笑面孔的背后又有什么样的企图……他们总是想弄清楚这些问题。

带有这种先入为主的偏见，善疑者最后往往越猜越疑，越疑越猜。正如英国思想家培根所说："猜疑之心有如蝙蝠，它总是在黄昏中起飞。这种心是迷陷人的，又是乱人心智的。它将最终导致一个人做错事情。"

回顾历史，一代英雄曹操的身上就有猜疑这一典型性格。

曹操刺杀董卓不成，独自一人骑马逃出洛阳，飞奔谯郡，路经中牟县时被擒。县令陈宫慕曹操忠义，于是弃官与之一起逃亡。两人行至成皋，投曹父故人吕伯奢家中求宿。

吕伯奢一见曹操，非常高兴，又听说其刺董卓未遂，正遭缉拿，更是唏嘘良久。之后，转身出门，命四个儿子杀猪宰羊，自己则去四里外的集上打酒。

由于刺董之事，曹操终日紧张，加上他生性多疑，所以就没有真正静下来过，即使在吕伯奢的客堂里，他依然两耳高竖，坐立不宁。他刚喝完一杯茶，就听到了霍霍的磨刀声，侧耳再听，竟听有人说：

"马上堵了门，别让他跑了！"

多疑的曹操哪知道是在杀猪宰羊，他认为吕家人要报官杀害他，他心一横，拔剑出门。"好一群不顾大义的小人！"吕伯奢的小孙子正在瞪目瞅他，曹操却忽地一剑刺去，一股血流喷在胸部。曹操没有任何反应，仍是一剑一人地杀向后院。

提剑的曹操，见后院内吕伯奢的四个儿子正在捆猪，心中猛地一顿，知道自己杀错了人，但仍掷剑砍去。又是四剑之后，曹操觉得自己的身体突然软了下来，遂挂剑在地，闭目不语。良久，忽拔剑挺直，对天长笑："宁负天下人，不让一人负我！"笑毕，一剑砍断马缰，手抓马鬃，跃身而上。

当然正史上可能对这一段还有存疑，然而曹操性格中的多疑也是不争的事实。

猜疑是人性的弱点之一，是害人害己的祸根。一个人一旦掉进猜疑的陷阱，必定处处神经过敏，对他人、对自己心生疑窦，从而损害正常的人际关系。如果猜疑发生在朋友之间，会破坏纯真的友谊；发生在恋人之间，会妨碍感情的发展；发生在同事之间，会影响正常的工作。

猜疑是一种狭隘的、片面的、缺乏根据的盲目想象。当你发现自己的疑心越来越重的时候，请你控制住自己的"胡思乱想"，不妨从多方面看待自己怀疑的对象，想办法加上一些"干扰素"，如"也许是我弄错了""也许他（她）不是那种人""也许情况不像我想象的那么糟"，等等。这样，你就能渐渐地消除自己的一些不符合实际的假想和推测。而如果你跟好猜疑的人做朋友，就一定要小心谨慎，尽量让对方明白你的意图，从而减少不必要的误会。

调停型人格：不懂拒绝难说"不"

拒绝不仅是一种策略，也是一门艺术。

生活中，最难说的字就是"不"，尤其对很容易就受到他人情感影响的调停型人格来说，说"不"是相当困难的事情。在"调停者"看来，对他人说"不"就如同自己遭到拒绝一样难受。他们更愿意对他人点头，同意他人的观点，而不是公开表达自己的怒火，因为他们害怕发怒会导致分离。

但是，如果不懂得拒绝，对方便会再一次提出使你让步的要求。如此一来，原本属于你的时间、精力、金钱恐怕会被他全部夺去，那时再后悔已于事无补了。

汉斯刚参加工作不久，姑妈来看他。汉斯陪着姑妈把这个小城转了转，就到了吃晚饭的时间。

当时汉斯身上只有20美元，这已是他所能拿出招待对他很好的姑妈的全部资金。他很想找个小餐馆随便吃一点，可姑妈偏偏相中了一家很体面的餐厅。汉斯没办法，只得随她走了进去。

两人坐下来后，姑妈开始点菜，当她征询汉斯的意见时，汉斯只是含混地说："随便，随便。"此时，他的心中七上八下，放在衣袋中的手紧紧抓着那仅有的20美元。

可是姑妈一点也没注意到汉斯的不安，她不住口地称赞着这儿可口的饭菜，汉斯却什么味道都没吃出来。最后的时刻终于来了，彬彬有礼的侍者拿来了账单，径直向汉斯走来，汉斯张开嘴，却什么也没说出来。

姑妈温和地笑了，她拿过账单，把钱给了侍者，然后对汉斯说："孩子，我知道你的感觉，我一直在等你说'不'，可你为什么不说呢？

要知道，有些时候一定要勇敢坚决地把这个字说出来，这是最好的选择……"

生活中，遇到力不能及的事情时要勇敢地学会拒绝，但是，如果说得不好，可能就会导致被人嫉恨等负面影响，因此，我们就必须掌握一些拒绝他人的技巧，做到有效拒绝他人且不失礼节。

1. 巧妙转移法

不好正面拒绝时，可以采取迂回的战术，转移话题也好，另有理由也罢，主要是善于利用语气的转折——绝不会答应，但也不致撕破脸。比如，有人邀请你参加聚会，如果你不想参加的话，不妨如此说："真谢谢你的邀请。不过，碰巧我有重要的事情要办，没有参加的机会了，真是遗憾。请代我向大家问好。"这样的说法很得体，不至于影响到双方的关系。

2. 幽默回绝法

这也是一种很好的方法。幽默拒绝是希望对方知难而退。钱钟书在拒绝别人时用了一个奇妙的比喻。一次，钱钟书在电话里对想拜访他的英国女士说："假如你吃了个鸡蛋觉得不错，又何必认识那个下蛋的母鸡呢?"用下蛋的母鸡比喻自己，不但巧妙生动，而且表现出了钱老和蔼可亲的性格，幽默风趣地拒绝了对方。

3. 以攻为守

换言之，就是"以他人之矛攻他人之盾"。如有熟人找你借钱，但对方做的是一些不正当的事情（如赌博），这个时候你可以在对方说请求之前率先地提出自己的要求："这么巧呀! 正好碰到你，我正准备去找你借点钱……"对方如果听到你这么说话自然就不会再向你开口借钱了，可能他还会懊悔自己向和尚借梳子，找错人了呢!

4. 肢体表达法

一般而言，摇头代表否定，别人一看你摇头，就会明白你的意思，之后你就不用再多说了，面对推销员时，这是最好的拒绝方法。另外，微笑中断也是一种拒绝的暗示，突然中断笑容，便暗示着无法认同和拒绝。类似的肢体语言包括：采取身体倾斜的姿势，目光游移不定，频频看表，心不在焉……但切忌伤了对方的自尊心。

　　总之，拒绝不仅需要勇气，也需要方法，它不仅是一种策略，也是一门艺术。用委婉的方式勇敢地拒绝，正是待人诚挚的表现。作为一个现代人，应当有这种文明意识，并掌握这一有利于人际交往的语言表达方式。

第八章

看透他人，人际交往中的心理法则

首因效应——好印象来自最初的几秒钟

有研究证明：产生第一印象的 7 秒钟可以保持 7 年。

人与人的交往，第一印象非常重要，尤其是在初次见面的时候。信纳法·佐宁博士在《沟通》一书中这样写道："当你在社交场合遇到陌生人时，你应在最初几秒钟内把注意力集中到他的身上。很多人的际遇会因此而改变。"

英国伦敦大学一位系主任在谈到一位讲师时说："从她一进门，我就感到她是我所渴望的人。她身上散发着某种精神，被她那庄重的外表衬托得越发迷人。因为只有一个有高度素养、可信、正直、勤奋的人才有这样的光芒。30 分钟之后，我就让她第二天来系里报到。她没有让我失望，至今她是最优秀的讲师。"这个激烈角逐的位置就这样由于一个迷人的第一印象落到了这位中国女博士的手中。

人的第一印象一旦形成，就很难改变，如果第一印象不好，也许下面的事情就可能泡汤、失败。

一个业务员的失败，80% 是因为留给客户的第一印象不好。也就是说，在你还没开口之前，别人就把你给否定了。

不知大家是否有过这样的经历：在电话里跟一位女士谈得很好，对方的声音很甜。这时你在心里就会有种种的猜想，比如，猜想她长得肯定跟她的声音一样美，肯定漂亮；她的素质一定很不错；她的气质一定会很高雅，等等，就会有一种想和她见面的冲动，希望很快见到她。这是一种正常心理。

但有的时候，一旦见了面，或者还没见面，远远地看见，就可能使你大失所望，没有了兴趣。为什么？具体也说不清楚，就是一种总体的感觉。这种感觉和原来的想象有很大的落差。就这么一瞬间，脑子里便会闪出一个非常感性的决定：不行，这人不行。

　　心理学家研究发现，人们的第一印象是非常短暂的，只有几秒到几十秒之间。也就是说，在如此短暂的时间内，人们就对你这个人盖棺定论了。

　　在心理学中第一印象被称为"首因效应"，无论它是正确的还是错误的，大部分人都依赖于第一印象的信息，而这个第一印象的形成对于日后的决定起着非常大的作用。它比第二次、第三次的印象和日后的了解更重要。第一印象的好与坏几乎可以决定人们是否能够继续交往。美国勃依斯公司总裁海罗德说："大部分人没有时间去了解你，所以他们对你的第一印象是非常重要的。如果你给人的第一印象好，你才有可能开始第二步，如果你留下一个不良的第一印象，很多情况下，我们会相信第一印象基本上准确无误。对于寻求商机的人，一个糟糕的第一印象，就失去潜在的合作机会，这种案例数不胜数。你必须花费更多的时间才能够抹去糟糕的第一印象。"

　　尽管我们理直气壮地告诉别人，不要仅凭一个人的外表妄下结论。但事实上是，全世界的人都在这么做，当然包括我们自己。

　　可见，第一印象对于人们来说有着太大的作用，但常常被人们忽视。如果你不想失去任何成功的机会，如果你想在人际交往中如鱼得水，那么请别忘记第一印象的作用，并且要努力给别人留下良好的第一印象。

破窗效应——别让小事毁了你的形象

有时候，破坏你的完美形象的，只是一个裤洞。

在北京，甚至在全国各地，行人交通违章都是普遍现象，许多交通事故也因此发生。明明知道违章，为什么还有人一而再、再而三地明知故犯呢？心理学上的"破窗定律"对此专门作了解释。

什么是破窗定律呢？

美国斯坦福大学心理学家詹巴斗曾进行了一项试验：他把两辆一模一样的汽车分别停放在两个社区，一个是帕罗阿尔托的中产阶级社区，一个是相对杂乱的布朗克斯街区。对停在布朗克斯街区的那一辆，他摘掉了车牌，并且把顶棚打开，结果不到一天就被人偷走了；而停放在帕罗阿尔托的那一辆，停了一个星期也无人问津。后来，詹巴斗用锤子把这辆车的玻璃敲了个大洞，结果仅仅过了几个小时车就不见了。

以这项试验为基础，政治学家威尔逊和犯罪学家凯林提出了一个"破窗定律"。他们认为：如果有人打坏了一栋建筑上的一块玻璃，而这扇窗户又没有得到修复，别人就可能受到某些暗示性的纵容，去打烂更多的玻璃。久而久之，这些窗户就给人造成一种无序的感觉。结果，在这种公众麻木不仁的氛围中，犯罪就会滋生、蔓延。

"破窗理论"揭示了环境具有强烈的暗示性和诱导性。任何一种不良现象的存在，都会传递一种信息，导致这种不良现象无限地扩展。这种情况在生活中经常可以见到。

例如，在窗明几净、环境幽雅的场所，没有人会大声喧哗或吐痰；相反，如果环境脏乱不堪，就时常可以看见吐痰、打闹、互骂甚至随地便溺等不文明行为。又例如，在公交车站，如果大家都井然有序地排队上车，那么谁也不会不顾别人的眼光而贸然插队；相反，车辆尚未停稳，如果有几个人猴急地你推我拥，争先恐后，后来的人如果想排队上车，恐怕也没有耐心了。这就是影响力的作用。

这个定律告诉我们，对一些小事情，如果一味纵容，就会有更多类似的事情发生。尤其在与人交往的过程中，如果有一些细节上的做法是错误的，尽管我们已经意识到，但是没有及时地改正和做出补救，长此以往，就会有更多的错误发生，从而会使自己辛苦建立起来的形象被毁，让别人对我们的评价为之降低。

为了防止这种情况，最好的办法就是及时修好"第一扇被打碎玻璃的窗户"。比如，当我们意识到了一件小事的不良影响时，我们就及时地跟对方解释，并且寻求对方的谅解，之后自己再加以补救。对于看起来很小的过错，决不能掉以轻心，因为它可能影响深远，呈蔓延之势。

照镜子效应——先检讨你是如何对别人的

别人对你的态度，折射出了你对别人的态度。

站在镜子前面，如果你微笑，镜子里的人也跟着你微笑；如果你皱眉头，那么镜子里的人也对你皱眉头……这种现象，如果应用于社交，就应该理解为在人际交往过程中，我们对待别人所表现出来的态度和行为，别人往往也会以同样的态度和行为反馈。这就是所谓的"照镜子效应"。

尽管平时我们可能没有注意到，但是这种效应的确在我们与他人的交往中起着至关重要的作用。如果我们对别人表现出热情，别人往往也会对待我们很热情；可是，如果我们一直都是紧绷着脸，表现得很冷漠，那么对方也将对以冷漠的态度回报我们。

所以说，在与别人的交往中，如果总是受人冷落，我们就应该检讨一下自己，是不是自己哪里做错了，对别人太苛求了。

一位老人，每天都要坐在路边的椅子上，向开车经过镇上的人打招呼。有一天，他的孙女在他身旁，陪他聊天。这时有一位游客模样的陌生人在路边四处打听，看样子想找个地方住下来。

陌生人从老人身边走过，问道："请问大爷，住在这座城镇还不错吧？"

老人慢慢转过来回答："你原来住的城镇怎么样？"

游客说："在我原来住的地方，人人都很喜欢批评别人。邻居之间常说闲话，总之那地方很不好住。我真高兴能够离开，那不是个令人愉快的地方。"摇椅上的老人对陌生人说："那我得告诉你，其实这里也差不多。"

过了一会儿，一辆载着一家人的大车在老人旁边的加油站停下来加油。车子慢慢开进加油站，停在老先生和他孙女坐的地方。

这时，父亲从车上走下来，向老人说道："住在这市镇不错吧?"老人没有回答，又问道："你原来住的地方怎样?"父亲看着老人说："我原来住的城镇每个人都很亲切，人人都愿帮助邻居。无论去哪里，总会有人跟你打招呼，说谢谢。我真舍不得离开。"老人看着这位父亲，脸上露出和蔼的微笑："其实这里也差不多。"

车子开动了。那位父亲向老人说了声谢谢，驱车离开。等到那家人走远，孙女抬头问老人："爷爷，为什么你告诉第一个人这里很可怕，却告诉第二个人这里很好呢?"老人慈祥地看着孙女说："不管你搬到哪里，你都会带着自己的态度;那地方可怕或可爱，全在于你自己!"

没错，别人对你的态度，首先取决于你对别人的态度。可是在现实生活中，人们并不注意自己的态度，而是习惯于在别人的身上找毛病，觉得受到了别人的冷落，就是因为别人对自己的看不起，或者是对方不懂得礼貌。其实这样的想法是不对的。受到了他人的误解和冷落，我们首先要检讨自己对别人的态度。如果你一直是挑剔的、冷淡的、苛刻的，那么别人自然不会对你热情。可是如果你用一颗热情、宽容、充满关爱的心去对待别人，相信别人也会逐渐向你展露微笑。

投射效应——为什么会"以小人之心度君子之腹"

多疑的人给自己的人生上了枷锁，也给别人的人生戴上了有色眼镜。

投射效应是一种"以己论人"的效应，就是常说的"以己之心度他人之心"或"以小人之心度君子之腹"。投射效应指这样一种倾向：当人们不知道别人的情况（如个性、好恶、欲望、观念、情绪等）时，往往认为别人也有他们自己的特性。心理学研究发现，人们在日常生活中常常不自觉地把自己的心理特征（如个性）归属到别人身上，想象别人也和自己一样。

投射效应是以己度人，把自己的感情、意志、特征投射到他人身上并强加于人的一种认知障碍。某人喜欢游山玩水，就认为别人也是如此；他爱占小便宜，就认为别人也这样；他乐于助人，就认为别人也乐于助人；自己喜欢说谎，就认为别人也总是在骗自己；自我感觉良好，就认为别人也都认为自己很出色，等等。

投射效应的表现形式是多种多样的，感情投射就是其中的一种。感情投射就是认为别人的好恶与自己相同，如自己喜欢某一事物，跟别人谈论的话题总是离不开这件事，不管别人是不是感兴趣，能不能听进去，引不起别人共鸣，就认为是别人不给面子。这就是投射效应产生的结果，导致对他人的认知障碍。感情投射的另一种表现，是对自己喜欢的人或事物越看越喜欢，越看优点越多；对自己不喜欢的人或事越看越讨厌，越看缺点越多。因而表现出过分地赞扬和吹捧自己所喜爱的人或事，过分地指责甚至中伤自己所厌恶的人和事。

有的青年处在热恋时，常在周围人面前吹嘘自己的女朋友如何完美无缺；一旦失恋，又把对女友的憎恨之情溢于言表，言过其实。人普遍认为，自己喜爱的对象是美好的，自己讨厌的对象是丑恶的。这种把自己的感情投射到交往对象身上进行美化或丑化的心理倾向，失去了人际交往中认知的客观性。

由于投射效应的存在，我们常常可以从一个人对别人的看法中来推测这个人的真正意图或心理特征。

在一家出版社的选题讨论中，出现了这样一种有趣的现象。编辑们列出他们认为最重要的一个选题分别为：

编辑A正在参加成人教育以攻读第二学位，他选的是"怎样写毕业论文"；

编辑B的女儿正在上幼儿园，她的选题是"学龄前儿童教育丛书"；

编辑C是围棋迷，他的选题是"聂卫平棋路分析"；

……

在日常生活中，我们就常常出现类似于故事中的编辑们一样的情况，错误地把自己的想法和意愿投射到别人身上：自己喜欢的人，以为别人也喜欢，总是疑神疑鬼，莫名其妙地吃醋；父母总喜欢为子女设计前途、选择学校和职业……投射效应往往导致对他人的感情、意向作出错误的评价。这种判断别人、处理信息的简单方法容易产生对别人认识的偏差。

所以，我们在与人交往的过程中，一定要时刻注意审视自己的想法，不要将自己的意愿强加给别人，造成错误的判断。

光环效应——何以会出现"以偏概全""爱屋及乌"

没有看清楚一个人，何必急着给他套上"光环"？

美国心理学家凯利和阿施等人做了一种实验。阿施选用了 57 对形容词，第一对都是由正反、褒贬意义的词组成的，如"清洁——肮脏"等，他在实验中发现一个人最突出的核心品质起着一种类似晕轮的作用。如"热情——冷酷"分别反映了两个人的主要品质，当要求被试者回答，这两个人中哪个"慷慨""风趣""有礼貌"时，90% 以上的被试者回答热情的人是慷慨、风趣、懂礼貌的；大多数被试者认为冷酷的人是粗鲁的。

这种实验证明人际关系中的一种效应——光环效应。光环效应，指的是在人际关系相互作用过程中所形成的一种夸大了的社会印象。在社会心理学中，由于对人的某一品质或特点有清晰的知觉，印象深刻突出，从而掩盖了对这个人其他品质和特点的印象，叫作"光环效应"。那些一开始便被强烈知觉的品质或特点，就像月亮形成的光环一样，一圈一圈地向周围弥漫、扩散，掩盖了其他的品质或特点，所以又形象地称它为"晕轮效应"。

光环效应属于一种十分普遍的认知偏见，它表现为在个体的社会知觉过程中，不加分析地用对对方的最初印象来判断、推论他的其他品质。如一个人最初印象被认为是好的，那么他就被一种积极的有利的光环笼罩着，人们因此也容易将其他好的品质与其相联系。与此相反，当一个人最初被认为是不好的时候，他就会被一种消极的不利的光环笼罩着，人们也易将其他不好的品质强加给他。

光环效应是一种先入为主，凭第一印象一锤定音的个人主观推断的泛化、扩张和定势的结果，这样做的结果无疑有些"以点盖面"。如一个学习成绩好的学生，往往会被老师和家长认为是一个智力很高、聪明、热情、灵活、有创造性的学生。与之相反，如果一个学生在某一方面表现不好，成绩不好或者调皮捣蛋，那么往往就会被教师和家长认为一无是处。

再比如，我们总是想当然地认为上海人是精明的、小气的、没出息的，上海的男人是唯唯诺诺的，上海的女人是假洋鬼子。可实际上呢？上海也有大方的男人，也有干出了大事业的男人，也有在老婆面前气高声壮的男人，而上海的女人中，也有很中国化的，不为外国新潮事物所动的。许多有作为的男人和传统的女人，都是可以作为鲜明的例证的。

譬如，我们总认为北京人是傻呆呆的，只知道侃大山、吃大饼，没有志向，没有吃苦的精神。但实际上北京也有聪明的人，也有不爱侃大山的人，也有不吃大饼的人，也有有志向的人，也有有吃苦精神的人。这也是用不着举例、任何人都可以自己找出证据的。

又譬如，我们总认为老人懂事，小孩不懂事。可事实上呢，现在的小孩，在许多方面要比老人懂事多了。

了解"光环效应"这种现象，有助于人们克服社会交往中所产生的心理偏见，避免单凭初始印象、以偏概全所导致的片面性。

互惠定律——得到别人的好处会想到回报

别人对你的好，你只有适时地回报，才能收获更多。

在第一次世界大战中，有一种德国特种兵的任务是深入敌后去抓俘虏回来审讯。

当时打的是堑壕战，大队人马要想穿过两军对垒前沿的无人区，是十分困难的。但是一个士兵悄悄爬过去，溜进敌人的战壕，相对来说就比较容易了。参战双方都有这方面的特种兵，经常派去抓一个敌军的士兵，带回来审讯。

有一个德军特种兵以前曾多次成功地完成这样的任务，这次他又出发了。他很熟练地穿过两军之间的地域，出乎意料地出现在敌军战壕中。

一个落单的士兵正在吃东西，毫无戒备，一下子就被缴了械。他手中还举着刚才正在吃的面包，这时，他本能地把一些面包递给对面突然而降的敌人。这也许是他一生中做得最正确的一件事了。

面前的德国兵忽然被这个举动打动了，并导致了他奇特的行为——他没有俘虏这个敌军士兵回去，而是自己回去了，虽然他知道回去后上司会大发雷霆。

这个德国兵为什么这么容易就被一块面包打动呢？人的心理其实是很微妙的。人一般有一种心理，就是得到别人的好处或好意后，就想要回报对方。虽然德国兵从对手那里得到的只是一块面包，或者他根本没有要那块面包，但是他感受到了对方对他的一种善意，即使这善意中包含着一种恳求。但这毕竟是一种善意，是很自然地表达出来的，在一瞬间打动了他。他在心里觉得，无论如何不能把一个对自己好的人当俘虏抓回去，甚至要了他的命。

其实这个德国兵不知不觉地受到了心理学上"互惠定律"的左右。

这种得到对方的恩惠，就一定要报答的心理，就是"互惠定律"，这是人类社会中根深蒂固的行为准则。

一位心理学教授做过一个小小的实验，证明了这个定律。他在一群素不相识的人中随机抽样，给挑选出来的人寄去了圣诞卡片。虽然他也估计会有一些回音，但没有想到大部分收到卡片的人，都给他回了一张。而其实他们都不认识他啊！

给他回赠卡片的人，根本就没有想到过打听一下这个陌生的教授到底是谁。他们收到卡片，自动就回赠了一张。也许他们想，可能自己忘了这个教授是谁了，或者这个教授有什么原因才给自己寄卡片。不管怎样，自己不能欠人家的情，要给人家回寄一张，总是没有错的。

这个实验虽小，却证明了互惠定律的作用。当从别人那里得到好处，我们总觉得应该回报对方。如果一个人帮了我们一次忙，我们也会帮他一次，或者给他送礼品，或者请他吃饭。如果别人记住了我们的生日，并送我们礼品，我们对他也会这么做。

中国古代讲究礼尚往来也是互惠定律的表现。这似乎是人类行为不成文的规则。

在不是很熟悉的朋友之间，你求别人办事，如果没有及时回报，下一次又求人家，就显得不太自然。因为人家会怀疑你是否有回报的意识，是否感激他对你的付出。及时地回报，可以表现自己是知恩图报的人，这样别人在对你付出的时候，就不是永远地单向地将好处给你，而是通过双向的付出而得到了人情上的互动，这样人们自然乐于与你继续交往下去。

所以，在接受别人的好处的时候，一定要及时地给予回报，千万不要让人把你当成是忘恩负义的人。

攀比定律——不让嫉妒之火成为心中的绳索

嫉妒是绿眼妖魔，谁做了它的俘虏，谁就要受到它的愚弄。

有人的地方，就有比较。所以人与人之间的交往，一直遵循着"攀比定律"，即别人有的东西，我也要有；别人没有的东西，我最好也有。这样就会产生心理上的优越感，否则就只能看着别人的东西生气，嫉妒的痛苦是难以用语言来形容的。

一般来说，心胸狭窄的人都有一颗善于嫉妒别人的心。而一个人的嫉妒心常常会让他采取一些过激行为，这对于个人的成长来说不啻于一颗毒瘤。在某大学曾经发生过一个悲惨的故事：一名生物系即将毕业的女研究生用水果刀将自己的导师刺伤，随即举刀自尽。

这个女生自小就性格孤僻，爱嫉妒他人，虽然在升学的道路上，她成绩优异，一帆风顺，但她孤僻而爱嫉妒的性格始终没有改变。在就读研究生时，她的刻苦精神深得导师器重，但导师更喜欢另一位男生灵活而幽默的性格。于是女生妒火中烧，数次在导师面前中伤那位男生。导师明察之后，发现多数事情纯属子虚乌有，便委婉地批评了女生。由此，女生怒不可遏，作出了伤师残己的愚蠢行为。

类似上面的事情在我们身边不止一次地发生，然而我们常常只当故事来听、来看。其实，嫉妒的杀伤力远超过我们的想象，每当心中怀着一股嫉妒之火时，伤害最大的就是自己。

有一则寓言故事讲述的便是这个道理。

一只老鹰常常嫉妒别的老鹰飞得比它好。有一天，它看到一个带着弓箭的猎人，便对他说："我希望你帮我把在天空飞的老鹰射下来。"猎人说："你若提供一些羽毛，我就把它们射下来。"这只老鹰于是从自己的身上拔了几根羽毛给猎人，但猎人没有射中其他的老鹰。它一次又一次地提供身上的羽毛给猎人，直到身上大部分的羽毛都被拔光了。于是猎人转身过来抓住它，把它杀了。

嫉妒对嫉妒者的伤害，正如铁锈对钢铁的伤害一样。心胸狭窄者之所以避免不了失败的结局，就在于他们存心不良。不愿别人超过自己倒还罢了，要命的是，当自己倒霉之时，也要别人没好日子过。要达到这样的目的，除了伤人害己，真别无他途了。

听一听智者的箴言，让我们再次认识嫉妒之害。英国作家萨克雷说："一个人妒火中烧的时候，事实上就是个疯子，不能把他的一举一动当真。"

另一位英国作家亚当契斯说："不要让嫉妒的毒蛇钻进你的心里，这条毒蛇会腐蚀你的头脑，毁坏你的心灵。"

英国逻辑学家罗素说："善嫉的人，不但从自己所有的东西中拿掉快乐，还从他人所有的东西中拿走痛苦。"

英国诗人雪莱说："妒忌的眼睛易受欺骗。"

英国哲学家培根说："妒忌会使人得到短暂的快感，也能使不幸更辛酸。"

德国散文家海涅说："失宠和嫉妒曾使天使堕落。"

英国戏剧家莎士比亚说："善妒者必惹忧愁。"

既然嫉妒如毒素，就要转移它，不让嫉妒之火成为心中的绳索。你要明白，嫉妒实质上是在不知不觉中毁灭了你自己。一滴水成不了海洋，一棵树成不了森林。任何事业的成功都少不了合作，而嫉妒总是会拆散所有的合作。因而，克服嫉妒，你就要时刻提醒自己：只有你自己将一事无成。

著名的华尔街投资大师巴鲁克说："不要妒忌。最好的办法是假定别人能做的事情，自己也能做，甚至做得更好。"记住，一旦你有了妒忌，也就是承认自己不如别人。你要超越别人，首先你得超越自身。坚信别人的优秀并不妨碍自己的前进，相反，它可能给你前所未有的动力。事实上，每一个真正埋头沉入自己事业的人，是没有工夫去嫉妒别人的。

第九章

如何成为最受欢迎的人

掌声响起来，为对方喝彩

只有你懂得欣赏别人，别人才会去关注你、欣赏你。

虽然我们一直在强调自己的事情不要受到别人情绪的影响，可是很多时候别人的鼓励往往会让我们更有力量，别人的讥讽和嘲笑会让我们的内心备受伤害。所以，当别人处于困难之中的时候，我们不能只冷眼地旁观，而应该适当地给予支持和鼓励，让他在精神上得到一丝慰藉。

有这样一个关于鼓励的故事：

一个驯兽师在训练鲸鱼的跳高，在开始的时候他先把绳子放在水面下，使鲸鱼不得不从绳子上方通过，鲸鱼每次经过绳子上方就会得到奖励，它们会得到鱼吃，会有人拍拍它并和它玩，训练师以此对这只鲸鱼表示鼓励。当鲸鱼从绳子上方通过的次数逐渐多于从下方经过的次数时，训练师就会把绳子提高，只不过提高的速度会很慢，不至于让鲸鱼因为过多的失败而沮丧。训练师慢慢地把绳子提高，一次一次地鼓励，鲸鱼也一步一步地跳得比前一次高。最后鲸鱼跳过了世界纪录。

毫无疑问，正是鼓励的力量让这只鲸鱼跃过了这一被载入吉尼斯世界纪录的高度。对一只鲸鱼如此，对于聪明的人类来说更是这样，鼓励、赞赏和肯定，会使一个人的潜能得到最大限度的发挥。可事实上更多的人是与训练师相反，起初就定出相当的高度，一旦达不到目标，就大声批评。

观众的掌声对一个赛场上的球队有没有好处？答案是肯定的。每个球队都知道，赛场上天时、地利、人和都是非常重要的。观众鼓励球队的热情是支持球队打胜仗最重要的力量之一。每个球队都承认，球迷的打气使他们感觉自己受到了尊重，情绪激动，斗志昂扬。

同样的道理，在日常生活中，鼓励也是很重要的一个因素，而且也是很有用的。在家庭里，夫妻应该彼此鼓励，父母与子女应该彼此鼓励；在工作上，老板和员工更是应该彼此鼓励；在生活中，朋友之间也应彼此鼓励。

亨利·汉克，是印第安纳州洛威市一家卡车经销商的服务经理，他公司有一个工人，工作越来越差。但亨利·汉克没有对他吼叫，而是把他叫到办公室里来，跟他进行了坦诚的交谈。

他说："希尔，你是个很棒的技工。你在这里工作也有好几年了，你修的车子也很令顾客满意。有很多人都称赞你的技术好。可是最近，你完成一件工作所需的时间加长了，而且质量也比不上你以前的水平。也许我们可以一起来想个办法解决这个问题。"

希尔回答说他并不知道他没有尽他的职责，并且向他的上司保证，他以后一定改进。最后他也确实那样做了。

不要吝啬自己的鼓励！有的时候，你的一句鼓励可能会让对方终身受益。给同学一点鼓励，在他考试没考好的时候，送上一句"下次努力，你的成绩肯定会很好的"；在朋友遇到困难时，送上一句"你平时那么棒，这些困难算什么"，多给大家鼓励。

一句鼓励的话，会给失意的人很大帮助。

站在对方的立场上传递温暖

在美国的一次经济大萧条中，90%的中小企业都倒闭了，一个名叫丹娜的女人开的齿轮厂的订单也一落千丈。丹娜为人宽厚善良，慷慨体贴，交了许多朋友，并与客户都保持着良好的关系。在这举步维艰的时刻，丹娜想要找那些朋友、老客户出出主意、帮帮忙，于是就写了很多信。可是，等信写好后才发现：自己连买邮票的钱都没有了！

这同时也提醒了丹娜：自己没钱买邮票，别人的日子也好不到哪里去，怎么会舍得花钱买邮票给自己回信呢？可如果没有回信，谁又能帮助自己呢？

于是，丹娜把家里能卖的东西都卖了，用一部分钱买了一大堆邮票，开始向外寄信，还在每封信里附上2美元，作为回信的邮票钱，希望大家给予指导。她的朋友和客户收到信后，都大吃一惊，因为2美元远远超过了一张邮票的价钱。每个人都被感动了，他们回想了丹娜平日的种种好处和善举。

不久，丹娜就收到了订单，还有朋友来信说想要给她投资，一起做点什么。丹娜的生意很快有了起色。在这次经济萧条中，她是为数不多站住脚而且有所成的企业家。

时常有些人抱怨自己不被他人理解，其实，换个角度可能别人也有同样的感受。当我们希望获得他人的理解，想到"他怎么就不能站在我的角度想一想呢"时，我们也可以尝试自己先主动站在对方的角度思考，也许会得到一种意想不到的答案。许多矛盾、误会也会迎刃而解。

一位女孩刚开始上网的时候，个性十足，上论坛最喜欢砸人，当然也挨砸。挨砸了，心里不好过，吃饭都吃不下去。好友知道后对女孩说了一句话：上网是为了快乐。这句话如同醍醐灌顶，让女孩一下子释怀。

想想看，大家来自不同的城市甚至不同的国家，有不同的看法，操着不同的口音，如果没有网络，大家如何能彼此交谈？如何能够彼此分享快乐，分担忧伤？相识，本来就是缘分。珍惜缘分，珍惜彼此。伤人不快乐，被伤更不快乐。

后来再上网，女孩再也没有和人吵过架，没有恶意抨击过别人——不为别的，只为大家都要寻求快乐。

沟通大师吉拉德说："当你认为别人的感受和你自己的一样重要时，才会出现融洽的气氛。"我们需要多从他人的角度考虑问题，如果对方觉得自己受到重视和赞赏，就会报以合作的态度。如果我们只强调自己的感受，别人就会和你对抗。

换个角度替对方多思考一下，关系立刻就会变得缓和。生活中，请让我们相信，每一个有坏处的人都有他值得同情和原谅的地方。一个人的过错，常常不是他一个人所造成的，对这些人给予多一些体谅吧，从对方的角度出发，你的宽容就可以温暖一颗失落的心，他们也会把温暖传递给他人。

热情的人是极具吸引力的

如同磁铁能吸引四周的铁粉，热情也能吸引周围的人，改变周围的情况。

世界上从来就有美丽和兴奋的存在，它本身就是如此动人，如此令人神往，所以我们必须对它敏感，永远不要让自己感觉迟钝、嗅觉不灵，永远也不要让自己失去那份应有的热忱。

位于台中的永丰栈牙医诊所，是一家标榜"看牙可以很快乐"的诊所，院长吕晓鸣医师说："看牙医一定是痛苦的吗？我与我的创业伙伴想开一个让每一个人快乐、满足的牙医诊所。"这样的态度加上细心地考虑患者真正需求，让永丰栈牙医诊所和一般牙医诊所很不一样。

当顾客一进门时，迎面而来的是30平方米左右的宽敞舒适的等待区。看牙前，可以在轻柔的音乐声中，坐在沙发上，先啜饮一杯香浓的咖啡。

真正进入看牙过程，还可以感受到硬件设计的贴心：每个会诊间宽畅明亮，一律设有空气清洁机。漱口水是经过逆渗透处理的纯水，只要是第一次挂号看牙，一定会替病患者拍下口腔牙齿的全景X光片，最后还免费洗牙加上氟。一家人来的时候，甚至有一间供全家一起看牙的特别室。软件方面，患者一漱口，女助理立即体贴地主动为患者拭干嘴角。拔牙或开刀后，当天晚上，医生或女助理一定会打电话到病患者家里关心病人的状况。一位残障人士陈国仓到永丰栈牙医诊所拔牙，晚上回家正在洗澡，听到电话铃响，艰难地爬到客厅接电话。听到是永丰栈关心的来电，他感动得热泪盈眶，说："这辈子我都被人忽视，从来没有人这样关心过我。"

从一开始就想提供令就诊者感动的服务，吕晓鸣热情洋溢的态度赢得了市场，也增强了竞争力，在同一行业中没有谁能及得上他们的影响力。虽然诊所位于商业大楼的6楼，但永丰栈牙医诊所一开业就吸引了媒体竞相报道。还有客人老远从台北南下看诊。吕晓鸣在竞争激烈的市场中，创造出了牙医师的附加价值。

在现实生活中，可能很多人都觉得市场经济是冷冰冰的，没有什么人情可言，所以很多人在经济追逐中感受不到温暖，只会觉得恐慌。但是我们的心态是可以调整的，我们的态度是可以改变的。保持一颗热情的心，你就会像一支火炬，感染着身边的每一个人。

成功学的创始人——拿破仑·希尔指出，若你能保有一颗热忱之心，那是会给你带来奇迹的。热忱是富足的阳光，它可以化腐朽为神奇，给你温暖，给你自信，让你对世界充满爱。热情的人是极具吸引力的，热情的人在社交的舞会上，必然是全场的焦点。

抱怨，会让你变得招人怨

抱怨的人不是不善良，但就是不受人们的欢迎。

我们抱怨的时候，尽管能够从中获得别人同情的甜头，可是抱怨也是一把"双面刃"，也会带来负面的影响。

常年抱怨的人，不仅不会得到别人的同情，还可能被周围的人排斥，因为他们已经听够了那些抱怨的言辞，再也不想在心里上遭受折磨了。再者，抱怨就好像是毒瘾，经常跟抱怨的人在一起，自己的情绪也会逐渐地降低，失去了对生活的热情。没有人愿意自己的生活被别人的不好情绪所影响，所以在人群里，经常抱怨的人常常是最不受欢迎的人。

有这样一个寓言故事：

马驮着很重的货物艰难地走在大路上，低着头默默地向前迈步。身后总听到车轮子吱吱地叫苦不迭。

"今天这货物真重，路又坑坑洼洼……"车轮子愤愤不平地说。

对于车轮子的抱怨，老马并没有理会。它仍然向前行进，枯燥的路途中伴随着轮子的滚动声和埋怨声。行程走过一大半，老马已经累得筋疲力尽，车轮子的抱怨声却是越来越响。老马把车停下来，回头惊奇地说："朋友，这是怎么回事？拉着满车重载的是我，而不是你！你为何连声抱怨？"

没有人会喜欢与爱抱怨的人合作，经常抱怨的人，只会让自己更加孤立。而不抱怨肯实干的人自然会获得他人的认可。

两匹马各拉一辆大车。前面的一匹走得很好，而后面的一匹常常停下来。于是人们就把后面一辆车上的货挪到前面一辆车上去。等到后面那辆车上的东西都搬完了，后面那匹马便轻快地前进，并且对前面那匹马说："你辛苦吧，流汗吧，你越是努力干，人家越是要折磨你。"

　　来到车马店的时候，主人说："既然只用一匹马拉车，我养两匹马干吗？不如好好地喂养一匹，把另一匹宰掉，总还能拿到一张皮吧。"于是，他便把后面那匹马杀了。

　　生活上，有许多人事事要求公平，要求按照自己的意愿发展。如果稍出差错就觉得老天对自己不公平，他们抱怨：我付出了那么多，为什么得不到回报呢？他们认为：自己必须受到对方的关注和尊重，自己的付出别人理所当然就应该给予回报，应该满足自己的要求；且潜意识中又往往想少付出而多得到，这都是一些不合理的过分要求，自己却又难以意识到。一旦这些过分需求没有得到满足，就有一种被捉弄和被欺骗感，心中愤愤不平，于是各种抱怨就出来了。

　　当你在工作中受到不公正对待时，如果能通过恰当的方式提出来，本来有可能得到合情合理的解决。但如果你不分场合、不顾及影响，大发牢骚，就会使本来有理的事变成无理取闹，失去别人的同情。

你的笑容价值百万

微笑就是阳光，它能消除人们脸上的冬色。

钢铁大王安德鲁·卡内基的高级助理查尔斯·史考伯说过，他的微笑值100万美金。这也许只是随便说说而已，因为史考伯的性格以及他那种富有吸引力的才能，都是使他成功的原因，而在他的性格中，一个令人得到好感的因素就是他那动人的微笑。

微笑是人类宝贵的财富，是自信的标志，也是礼貌的象征，微笑具有震撼人心的力量，同时它会为你赢得事业上的成功。

威廉·怀拉是美国推销人寿保险的顶尖高手，年收入高达百万美元。他的秘诀就在于拥有一张令顾客无法抗拒的笑脸。那张迷人的笑脸并不是天生的，而是长期苦练出来的。

威廉原来是全国家喻户晓的职业棒球明星，到了四十岁因体力日衰而被迫退休，而后去应征保险公司推销员。

他自以为以他的知名度理应被录取，没想到竟被拒绝。人事经理对他说："保险公司的推销员必须有一张迷人的笑脸，而你没有。"

听了经理的话，威廉没有气馁，立志苦练笑脸。他每天在家里放声大笑百次。邻居都以为他因失业而发神经了，为避免误解，他干脆躲在厕所里大笑。

经过一段时间练习，他去见经理，可经理说："还是不行。"

威廉并不泄气，仍旧继续苦练。他搜集了许多公众人物迷人的笑脸照片，贴满屋子，以便随时观摩。

为了每天大笑三次，他还买了一面与身体同高的大镜子摆在厕所里。一段时间后，他又去找经理，经理冷淡地说："好一点了，不过还是不够吸引人。"

威廉不服输，回去加紧练习。有一天，他散步时碰到社区的管理员，很自然地笑着跟管理员打招呼，管理员对他说："怀拉先生，你看起来跟过去不大一样。"这句话使他信心大增，立刻又跑去见经理，经理对他说："是有点味道，不过那仍然不是发自内心的笑。"

威廉不死心，又回去苦练了一段时间，终于悟出"发自内心如婴儿般天真无邪的笑容"最迷人，并且练成了那张价值百万美元的笑脸。

当你笑时，一定要记住，微笑要发自内心并且充满活力。不真诚、不自然、假装和心怀叵测的笑容，不但不会为形象增光，还会破坏原来坦然的形象。真诚的微笑，让人能通过你的微笑看到你的真挚情感。没有人会喜欢"皮笑肉不笑"的虚情假意，那只会让人更讨厌你。

在商业发展中，微笑具有如此大的作用，尤其在服务行业，微笑更被夸张到了极致，他们认为"微笑服务"能使顾客盈门、生意兴隆、招财进宝，而事实确实证明了这一点。所以会有谚语说："一家无笑脸，不要忙开店。"

在人际交往中，微笑也同样重要。你对别人微笑了，就代表你对他很友好。通常情况下，没有人会拒绝对自己热情的人，所以也会尽量对你展开笑颜。于是，在彼此的笑容里，你与别人的隔阂消除了，取而代之的是彼此的关心和爱护，最终大家的心灵相通，成为了好朋友。这样，你的人脉资源从此就打开了。

第十章

自己走百步，不如贵人扶你走一步

一个人的 100% 与 100 个人的 1%

在一个讲究多赢的时代，你不可能还靠孤军奋战来成就大业。

如果你的贵人有 100 个，而这一百个人中，每个人都拿出百分之一的力量来帮助你，那么就成就了你一个人的百分之百。所以，无论是生活还是创业，都要广结贵人。因为只有这样，你才能更快地走向成功。

《21 岁当总裁》的董思阳就是一个善于利用贵人成就自己的带着传奇色彩的创业者。

13 岁时，董思阳只身前往新加坡留学，那时她的生活并不如其他同学那般富裕，所以她常常幻想能够成为一个富人。17 岁时，因为偶然机会读到了一本《亚洲企业家传奇》，从此她立下了"成为华人史上最成功女企业家"的目标。

之后，她一边读书一边打工实践，卖过花，开过饰品店，做过推销员、私人助理……在这些工作中，她学到了很多宝贵的经验，也认识了很多人。这对于她以后在事业上的发展起到了一定的促进作用。

后来，她通过橘子树的生意赚到了 50 万新币的第一桶金，开了自己的贸易公司。可是，她并不满足于自己的成绩，希望能够有更大的发展空间。于是，她报名参加了只有富人才参加的学习班。

这样的学习班里，每一任讲师都是国内或者国外十分有名的富人，这给董思阳提供了与商界名人相识的机会。她每节课都去得很早，总是坐在讲堂的第一排，并且每次都很认真地听讲，也会在课后准备很多问题。时间长了，几乎每一任讲师都认识了这个勤奋好学的年纪很轻的女孩。

在以后的事业发展中，董思阳几乎调动了她所有认识的人，凭借他们的力量，董思阳在事业上取得了巨大的成功。如今的董思阳已经是香港凤博国际集团有限公司的董事长、亚洲智慧女性副会长。2007年3月，她又在上海开办了"中国首家有机茶餐厅"喜客多连锁店，将重心转到国内有机食品市场。

现在，她的朋友遍及商圈、政府圈、媒体圈，甚至娱乐圈。董思阳说："做哪行都可以赚到钱。只要在对的时机，有一个好的智囊团并整合一切有用的资源，就能撞出火花。"

从最初只有3个员工的贸易公司，到如今拥有1000多名员工的凤博国际集团，董思阳之所以能够成功，关键因素就是她有一支出色的智囊团队，她懂得借用每一个贵人的资源，让他们为了自己的发展贡献出自己的力量。

董思阳的成功，也给了我们很好的启示。其实许多时候，我们面临的生活问题、工作问题，单单依靠个人的力量很难解决。但是朋友多了会帮你出主意、出人力、出物力、出财力，和你一起解决问题，那样你前方的路就变得宽广了。所以，世界首富比尔·盖茨说："一个人永远不要靠自己一个人花100%的力量，而要靠100个人花每个人1%的力量。"

良好的人脉网络，能帮你拓宽自己的财路，能让你在财路上走得更快、更顺。在一个讲究多赢的时代，你不可能还靠孤军奋战来成就大业。人脉即是你事业的命脉，你的人脉有多深多广，你的事业也就能发展到多深多广。

你该如何编织自己的人脉网络？人生处处是玄机，可能在无意中你会因为一个细节而结识了一个大人物，这个媒介可能就是我们的老师、朋友、同学、亲戚、同乡。但是要值得注意的是，不论我们和"媒介"是什么关系，平时一定要注意和他们培养、联络感情，只有平时经常联络，彼此间的情感才不至于疏远，他们才会心甘情愿地帮助你。如果你与有些人分开之后，从来没有联络过，你去托他办事时，特别是办那些比较重要、不关乎他的利益的事情，他就不会尽心尽力地帮你。

成功可以抄近路

站在雄鹰的背上起飞，你将飞得更高。

很久以来，人们的观念就被"吃得苦中苦，方为人上人"这样的思想束缚着。他们以为，成功是艰难的，必须踏踏实实、一步一个脚印地走，否则就不会有任何的收获。其实，这样的思想是错误的，并不是所有的成功都讲究"一分付出，一分收获"，有时候，懂得借助别人的力量，成功就可以抄近路。

珍·古道尔是一个出生在英国伦敦的动物行为学家。她喜欢周游世界。有一次她在北京大学作报告，席间有一个环节是要为同学们讲她的故事。得知这个消息的时候，她非常欣喜。她说，现在让我再重复我自己走过的路，似乎没有什么具体的意义。但是在我的记忆当中，有一个故事一直激励着我，让我不管做任何事情的时候都学会思考。这个故事是我的妈妈讲给我的。

她是这样说的：有几只鸟在争论谁能飞得最高，最后它们决定来一场比赛。在所有的鸟中，鹰是最自信的，它肯定能飞得最高，所以它就越飞越高，越飞越高，一直到最后它不能再飞了。

这时候其他的鸟都已经飞回地上，只有它高高地飞在天上，没有回来。但是它没有想到在它的背上趴着另外一只很小的小鸟。当鹰已经飞不动、不能飞得更高的时候，这只小鸟从鹰的背上飞了起来，飞得比鹰还要高。

珍·古道尔总结说："我之所以喜欢这个故事，是因为这就像我们的生活，每个人都可以飞得更高一点。但我们能飞多高在很大程度上依靠我们下面的那只鹰。回想在我的生活中间帮助过我的那些人，就像那只鹰，像鹰身上的羽毛，每一根羽毛都帮助过我。那些学生在冈比亚帮助我收集那些资料；我在全世界旅行的时候遇到了许多许多的好朋友。如果没有他们，我不会飞得像现在这样高。"

没错，一个人不能完全依靠自己，即使每天都在努力，也还是不容易接近成功。可是，站在贵人的肩膀上，就等于找到了一条通往成功的"近路"。别人很可能差点儿就成功了，或者已经成功了，那么我们就依附于他，通过他现有的成就而有所创新和超越，就一定能够获得更辉煌的成就。

不可否认，生活中的我们也像珍·古道尔小时候那样，像一只无力的小鸟，凭着自身的能力无法飞到预期的高度，这时候如果把精力花在埋怨自己天资不够、资历不深上，就会白白地浪费时间。我们应该睁大眼睛去寻找一只可以一起高飞的鹰。工作中的良师、生活中的长辈、一同奋斗的战友，都可以带着我们前进。只要肯于求教，肯接受他人的经验，我们就无异于找到了一条成功的"近路"，很快地，我们就可能实现自己的梦想。

有旷世的才华，还得找到识你的贵人

伯乐，对于千里马来说是贵人，对于普通马来说却是无关紧要。

即使你有旷世的才华，有足够的胆识和谋略，但是，如果你不展示出来，你的一切能力也许只有你自己清楚。当今时代是一个追求效益的时代，让别人看到你的存在，看到你的成绩，你将会有意想不到的收获。所以，满腹才华的你，如果遇到了能够发现并赏识你的贵人，那么结果就会有很大不同。

盛唐时期，诗人王维想参加科举考试，请岐王向当时权势大的一位公主疏通关节，事先向主考官打声招呼，照顾一下第一次参加科考的自己。可是公主早已答应别人，为另外一位叫张九皋的人打过了一次招呼。岐王也感到十分为难，他对王维说："公主性情刚强，说一不二，想强求她改变主意给你打招呼，实在不容易，我来给你出个主意。你将你旧诗中写得最好的抄下十来篇，再编写一曲凄楚动人的琵琶曲，五天以后你再来找我。"

五天后王维如期而至。岐王找出一身五颜六色的衣服，将王维打扮成一名乐师，携了一把琵琶，一同来到公主的府第。岐王事先对公主说："多谢公主予以接见，今日特地携了美酒侍奉公主。"说罢便令摆上酒宴，乐工们也都依次进入殿中。

年轻的王维容貌秀美，风度翩翩，引起了公主的注意，她便问岐王："这是什么人？"

岐王道："他是一个在音乐方面颇有造诣的人。"王维演奏了一首琵琶曲，曲调凄楚动人，令人击节叹息。这首曲子是王维新近创作的，他演奏起来自然得心应手。

公主非常喜欢这首曲子，于是迫不及待地向王维发问："这首曲子叫什么名字？"王维马上立起身来回答："叫《郁轮袍》。"公主对王维更感兴趣了。岐王乘机说道："这个年轻人不仅曲子演奏得好，还会写诗，至今在诗歌方面没有人能够超得过他！"

公主越发好奇了，赶忙问道："现在手里有你写的诗吗？"王维赶忙将事先准备好的诗从怀中取出，献给公主。公主读后大惊失色，说道："这些诗我从小经常诵读，一直认为是古人的佳作，怎么竟然是你写的呢？"于是，让王维换上文士的衣衫，入席。

王维风流倜傥，谈吐风趣幽默，在座的皇亲国戚纷纷向他投去钦佩的目光。岐王趁热打铁，说道："如果这个年轻人今年科举考试得以高中，国家肯定又会增添一位难得的人才。"

公主问："为什么不让他去应试？"岐王道："这个年轻人心高气傲，如果不能得到最为尊贵的人推荐考中榜首，宁愿不考。可闻听公主已推荐张九皋了。"公主连忙笑道："这没关系，那个人也是我受他人所托才办的。"接着她又对王维说："你如果真的想考，我必定为你办成这件事。"王维急忙起身道谢。公主立刻命人将主考官召来，派奴婢将自己改荐王维的意思告诉了他。于是，王维一举成名。

诚如王维，他意外地得到了公主的赏识，从此以后，他的才华得到了世人的肯定，也给自己的满腔抱负找到了出口。

生活中的我们也是一样的。不要以为自己有才华，就可以傲视一切、目中无人，而应该主动找寻你的贵人，让他发现你、肯定你，并给你指明一条发展的道路。因为只有这样，你的才能才不会被埋没，你才能摆脱"怀才不遇"的苦恼，一步一步地接近成功。

迈克尔·杰克逊：贵人挺起来的"舞王"

贵人，能够在你迷茫的时候，给你指明方向；能够在你无助的时候，主动推你一把。

2009 年 6 月 25 日，一个不幸的消息震惊了整个流行乐坛：迈克尔·杰克逊去世了。这个流行文化的象征性人物，在作词、作曲、演唱、音乐制作、乐器演奏等方面都有着卓越的成就。尤其是他魔幻般的舞步，让不同国籍的明星争相效仿，他也很自然地登上了"世界舞王"的宝座。

应该说，迈克尔·杰克逊的人生充满了传奇的色彩。他在音乐方面表现出来的天赋，是难能可贵的。可是，人们在回味他一生所取得的成就时，似乎忘记了这位"舞王"在开始踏足乐坛的时候并不容易，只有在得到了别人的引荐和推举后，他才逐渐获得了发展的空间。

迈克尔·杰克逊在全家兄弟姐妹中排行第七，在六个兄弟中排行第五。他的爸爸妈妈都是在音乐方面很有见地的人，所以迈克尔·杰克逊和他的兄弟姐妹都对音乐有很高的悟性。

五岁的时候，他的演唱和舞蹈才华开始表现出来。在爸爸的促使下，他和他的四位兄长组成了"杰克逊五兄弟"乐团。他们到各地登台表演，在观众中的反响很好。但是，因为杰克逊的年纪太小，他的光芒总是被兄弟们掩盖，无法在他们的身影之中让自己发光发热。

随着年龄的增长，杰克逊逐渐褪去了组团初期的稚嫩，而不断展现出的表演技巧，帮助他在无形中逐渐成为乐团中的灵魂人物。人们越来越喜欢这个小歌手，他的名气也变得越来越大。

有一次，在给市政府要员进行演出的时候，他遇到了自己人生中最重要的贵人之一——市长。因为表现出色，杰克逊和他的兄弟们获得了市长的赞赏。这个同样热爱音乐的市长，在观看了演出之后就跟杰克逊说："你的表现真的是太棒了，你以后一定会成为一个音乐家。"在这之后，市长把他们引荐给了一个很有名的唱片公司的老板。"杰克逊五兄弟"获得了这家唱片公司的签约，并且举家迁居到了洛杉矶。

尽管兄弟之间会比陌生人组合在一起的矛盾少一些，但是也不能完全避免矛盾的发生。所以，不久之后，这个颇具名气的乐团解散了。杰克逊开始变得迷茫，因为一直以来，他都是在兄弟的庇护下发展自己的音乐的，如今离开了自己的兄弟，他不知道未来的路会是怎样的，自己还能够在音乐这条路上走多久。

这时候，他又想起了市长的话："你是一个音乐方面的天才，你一定会成为一个音乐家。"不可否认的，在杰克逊的音乐道路上，市长对他的影响是巨大的。因为市长是使他离开自己生长的城市的人，是第一个颇具名望又极力肯定他的才华的人。所以，他希望遵照市长的嘱托，在音乐上好好地发展自己。于是，他向唱片公司的老板表明了自己的态度：我要单飞，我要做一个音乐家。

事实证明，杰克逊的选择是对的。因为正是他当初的选择，才成就了一代"流行音乐的教父"，也成就了空前绝后的"舞蹈之王"。可是，通过杰克逊的事迹，我们也看出了贵人的重要性。

贵人，能够在你迷茫的时候，给你指明方向；能够在你无助的时候，主动推你一把。在现实生活中，我们每个人都需要寻找到自己的贵人。因为一个人要想获得发展，单单依靠自己的实力是不够的，还需要在困境的时候能够有人帮你一把。

在前进的路上，你不可能时刻都保持着清醒，可能会彷徨，可能会无助，也可能会迷失，这个时候就需要有一个贵人在你身边指点、提携。只有这样，你才能在困顿的时候不迷失方向，一直保持前进的步伐。

"印尼巨鳄"林绍良：我的成功可以复制

成功可以复制，就看你想不想复制。

当我们正在为如何走向成功而发愁的时候，不妨看看那些已经成功的人是怎么做的。不要以为别人的成功就不可以复制，因为那些成功人士，也都是按照普通人的方法一点一点走向成功的。比如"印尼巨鳄"林绍良，他在发展的道路上结交自己的贵人，让贵人发现自己，并最终闯出了一片天。这样的做法，就是每一个有心人都能够做到的。

第二次世界大战结束后，印度尼西亚获得了独立，但荷兰军队卷土重来，几场大规模的战斗之后，爪哇岛被人为地划分为荷占领区和印度尼西亚共和国独立区。在印度尼西亚人民的独立战争中，当地华人为保卫家园，纷纷投入支持印度尼西亚人民的斗争中，一些华商冒着生命危险，从当地偷运白糖、椰干等土产到新加坡去贩卖，然后购军火、药品，冲破荷军封锁，送给印度尼西亚军队。华侨商人林绍良也投入了这个队伍中。他凭着几年来与人为善的商风建立起来的广泛的社会关系，很顺利地购进一批军火；又凭着机智勇敢和对地形的熟悉，左右回旋，见缝插针，将第一批军火运到印度尼西亚驻军总部所在地三宝垄，将它交给了急需军火的军人。

这次成功，使林绍良增添了信心，积累了经验。他不惜把脑袋拎在手里一次一次地往来于荷兰和印度尼西亚军队之间。在贩运军火过程中他结识了许多印度尼西亚军官，其中包括当时三宝垄驻军的中校团长、后来成为印度尼西亚总统的苏哈托。每当苏哈托的军队陷入经济窘境，林绍良总是义不容辞地全力支持，因此，两人结下了可谓患难之交的关系。当然，当时的林绍良仅仅是出于为人忠厚、与人为善的本能，他并未曾料到苏哈托将来会成为国家总统。

20世纪60年代中期，林绍良的事业更是如日中天。1968年，鉴于印度尼西亚长期遭受殖民主义掠夺，粮食缺口很大，每年须拿出大量外汇进口粮食。林绍良向政府提议，在国内自行加工面粉。印度尼西亚政府很快采纳了他的建议，并把全国生产面粉三分之二的专利权交给了他。林绍良为此成立了波戈沙里有限公司，并获得印度尼西亚国家银行28亿盾（约合280万美元）的贷款，国家总统苏哈托亲自主持了公司第一座面粉厂的落成典礼。经过10年的努力，波戈沙里公司下属的几座面粉厂，已能生产国内面粉需要量的80%，成为亚太地区最大的面粉公司。

同年，林绍良又获得了经营丁香的专利权，并与苏哈托家族共同创办了拥有30多家银行、建筑、水泥、钢铁等行业的"根扎那企业集团"。该企业集团后成为印度尼西亚华人实力最雄厚的五大财团之一。

林绍良，一个华侨商人竟然能在异域他乡创造如此的成就，这不得不说是一种奇迹。奇迹总是人创造的，不可能凭空捏造，那林绍良的奇迹究竟是怎样创造的呢？个人的努力是重要因素，但更重要的是他懂得如何做到左右逢源，如何拓展自己的人脉，如何去赢得别人的信任与支持。他很重视人际关系在经营活动中的地位，在这方面，林绍良与当时的印度尼西亚总统苏哈托的深交，对他的事业的成功起到了很大的作用。

时至今日，他是印度尼西亚商界中唯一可以在苏哈托的私人住所及总统府自由进出的人，而且军方还慷慨地向他提供一个全职随身保镖。林绍良在雅加达近郊的住所也长期受到官方保护。可以说，苏哈托的帮助的确是林绍良成功的一个重要因素。

由此可见，在自己的发展道路上，结交贵人，让贵人推进自己的发展，要比凭借自己的努力更容易接近成功。这个道理，在林绍良的身上能够得到很好的印证，那么作为同样渴求成功的我们来说，只要能够发现自己的贵人，让贵人多提供一些有助于我们发展的机遇，那么我们距离成功也不会太远了。

第十一章

投资社交场上的蓝海区

"打击"你的人可能更爱你

成长，需要阳光的温抚，也需要风雨的激励。

　　人跟人是不同的。有的人比较直接，所以跟别人表达自己的感情也比较直接：喜欢你就会告诉你，对你好也会让你感觉出来。有些人比较内敛：即使是关心你的，也不会表现出来，反而会给你一个很严肃的表情，让你觉得好像欠了他的钱一样。这种人，最容易遭到别人的误解，以为跟他的关系是很难相处的，事实上他对你早就有了一份关心和爱护，相对于你的误解，他往往更注意自己应该怎样做才对你有利，怎样做才能让你成长得更快。

　　日本大企业家福富先生就曾遇到过这样的人。在他做服务生的时候，他的老板毛利先生常常会很严厉地责骂他。

　　尽管挨骂的时候，自己的心里是很难过的，可是福富发现自己每次挨了责骂后都会得到一些启示，学会一些事情，所以福富当时总是"主动地"寻找挨骂。只要遇见了毛利先生，福富绝不会像其他怕麻烦的服务生一样逃之夭夭，他会掌握机会，立刻趋身向前，向毛利先生打招呼，并请教说："早安！请问我有什么地方需要改进？"

　　这时，毛利先生便会对他指出许多需要注意的地方，福富在聆听训话之后，必定马上遵照他的指示改正缺点。

　　福富之所以殷勤主动到毛利先生面前请教，是因为他深知年轻资浅的服务生很难有机会和老板交谈，只有如此把握机会，别无他法。而且向老板请教，通常正是老板在视察自己工作的时候，这就是向老板推销自己的最佳时机。所以，毛利先生对福富的印象就深刻，对福富有所指示时，也总是亲切直呼他的名字，告诉福富什么地方需要注意。

　　他就这样每天主动又虚心地向他请教，持续了两年。有一天，毛利先生对福富说："我长期观察，发现你工作相当勤勉，值得鼓励，所以明天开始我请你担任经理。"就这样，十九岁的服务生一下子便晋升为经理，在待遇方面也提高很多。被人指责训诲，就是在接受另一种形式的教育。对于毛利先生一年365天的不断教导，福富至今仍感谢不已。

没错，在被指责或训诲时，心里总是会受到一定的打击，会觉得很沮丧甚至很失望。尤其是对方说话或者做事的态度很难让你接受的时候，就会觉得对方很讨厌，甚至会对他产生怨恨。但是，你有没有静下心来想一想：在你承受对方给你的压力之后，你是否成长了？或者说，对方是出于什么心态来"打击"你的？难道他是跟你有仇，还是只是为了自己的一时发泄？

其实，对方给予你"打击"，正是希望你能从中知道自己的错误，并且能够从中学习到一些东西。尽管处理事情的方式可能与你不同，可是，给予你"打击"的人，往往是比任何人都关心你、爱护你的。就如同自己的家长，可能每天都在骂你，但是他们的真实心愿是希望你能尽快地成才；你的上司，可能每天都在责罚你，可是他往往是想让你尽快地成长……

人与人之间，表达感情的方式是不一样的。所以，在遭受委屈而对"打击"你的人产生抱怨的时候，一定要用心地想一想：他为什么这么对我？这样，你很快就会明白，"打击"你的人，原来都是为了你好。

是对手让我们弹出了生命的高度

因为谁也不想被淘汰出局，所以我们在对手的激励下变得越来越强大。

一位动物学家对生活在非洲大草原奥兰治河两岸的羚羊群进行过研究。他发现东岸羚羊的繁殖能力比西岸羚羊的繁殖能力强，奔跑速度也不一样，平均每一分钟要比西岸的羚羊快 13 米。

几经努力，动物学家才明白，东岸的羚羊之所以强健，是因为在它们附近生活着一个狼群，西岸的羚羊之所以弱小，正是因为缺少这么一群天敌。

大自然的法则就是"物竞天择，适者生存"。没有竞争，就没有发展；没有对手，自己就不会强大；没有敌人，谈什么胜利。别再诅咒你的对手与敌人，应该感谢他们，是他们促成了我们的成长。

古印度有位英勇无敌的王子，某次征战之后，率兵得胜回朝。在盛大的庆功宴上，王子谦逊地举起金杯，向前辈、大臣、在座的将士以及黎民百姓一一表示感谢，甚至连为他牵马的仆人也没忘记，这使得大家深深感动。此时，旁边坐着的老国王提醒道："我的孩子，有一个最重要的人，你还没向他致谢呢。"那王子怔了半晌，终想不出，只好向父王请教。只听老人一字一句地说："你的敌人。"

人的一生，无论顺利还是坎坷，注定要扮演"战士"角色，与大大小小对手或"敌人"遭遇。战场上的真刀真枪自不必说，哪怕是在和平年代里，大到创新事业，小到一场牌局，同样需要艰苦奋战，才能稳操胜券。

在许多时候，敌人和对手显得比朋友更真诚，当他打败你，绝对不会留什么情面。他嘲笑你时，那份冷酷刻骨铭心。是对手或敌人强悍让我们昼夜习武，练成一身好功夫；是对手或敌人的狡诈，使我们时刻保持警觉之心；是对手或敌人的强大鞭策我们卧薪尝胆，韬光养晦；是对手或敌人的智慧激励我们不断学习、与时俱进；是对手或敌人的威胁警醒我们战战兢兢、如履薄冰；是对手或敌人的围追堵截才使我们不断自我否定和扬弃，才使我们打败了真正的敌人——我们自己！还有是对手或敌人的暂时的麻痹或懈怠，才导致了我们的幸运和成功。难道不是吗？

在第 27 届奥运会上，孔令辉在男子乒乓球单打决赛中，艰难地以3:2战胜瓦尔德内尔后，获得了冠军。全国人民为之欢呼雀跃，而主持人白岩松说了一句让我们难忘的话："我们感谢瓦尔……"

是的，正如主持人白岩松所说，有了瓦尔德内尔这样一个强大的对手，加上多年来他竞技水平的不断提高，才让垄断世界乒坛的中国队找到了真正意义上的对手。这样的对手，可使我们更强大。我们应该感谢对手。

生活中，竞争是无处不在的，对手也是无处不在的。正因为对手的存在，你才产生要打败他而成为强者的念头。这是人渴望胜利的本性，也是社会赋予人机会的条件。优胜劣汰，适者生存，这就是竞争，这就是要战胜对手的根本原因。有些对手阻碍我们成功，所以我们追求成功；有些对手阻碍我们生活，所以我们偏要活下去。因为谁也不想被淘汰出局，所以我们在对手的激励下变得越来越强大。

尽管如此，很多人并不感谢自己的对手，甚至还对对手心怀怨恨，其实这样的想法是不对的。只有珍惜对手，我们才能获得更好的成长，才能找到向上的动力。

不要冷落落魄的朋友

要学会"冷庙烧香",因为今天的"冷庙"有可能是明天的"热庙"。

俗话说:"三十年河东,三十年河西。"人们自然喜欢结交现在看来就很有价值的朋友,但是,谁知道明天的变化呢?为人处世,我们还需要把眼光放长远一些。今天的"冷庙"有可能是明天的"热庙",凡事要有自己的主见,不能老是跟在别人屁股后面跑。

晋代一个名叫苟巨伯的人,得知朋友生病卧床,便前去探望。不料正赶上敌军攻破城池,烧杀掳掠无恶不作,百姓们纷纷携妻挈子,四散逃难。朋友劝苟巨伯说:"你赶快逃命去吧,我重病在身,根本逃不了,更何况我自知已活不长了,跟着你只能拖累你,你赶快离开这里吧!"

苟巨伯并不是贪生怕死之辈,他对朋友说:"我怎么能弃你于不顾呢?你把我看成什么人了?我不辞山高路远来此地就是为了照顾你。现在,敌军进城,你重病在身,我更不能扔下你不管。"说完转身到厨房给朋友熬药去了。

朋友语重心长地劝了半天,让他快些逃走,可苟巨伯端药倒水跟没听见一样,他反倒安慰朋友说:"你就安心养病吧!不要管我,我不会有事的,我在这里你还有个照应,最起码天塌下来我还能替你顶着!"

这时只听"砰"的一声,门被敌军踢开了,冲进来几个凶神恶煞的士兵,冲着他们大喊大叫道:"你们是什么人?好大的胆子还敢在这里逗留,你们难道不怕死吗?"

苟巨伯站起身,从容地走到士兵跟前,指着躺在床上的朋友说:"我的朋友病得很厉害,根本无法下地行走,我怎么可以丢下他独自逃命？请你们快快离开这里吧，别吓坏了我的朋友，如果你们有什么事尽管找我好了。如果要死，我可以替他死，对此我绝不会皱一下眉头。"

原本面露凶相的士兵，对苟巨伯大义凛然的一番说辞和那无畏的态度很是钦佩，语气较先前缓和了许多说："没想到这里还有品格如此高尚的人，这样的人咱们怎么好迫害呢？走吧！"说着，敌军就走了。

可见，一个懂得善待自己落魄朋友的人，不仅赢得了朋友的真心，而且还为自己赢得了生机，真的是好人有好报啊。可是现实中的不少人总是可以敏感地觉察到自己的苦处，却对别人的痛处缺乏了解。他们不了解别人的需要，更不会花工夫去了解；有的甚至知道了佯装不知，大概是没有切身之苦、切肤之痛吧！

虽然很少有人能做到"人饥己饥，人溺己溺"的境界，但我们至少可以随时体察一下暂时不得势的人的需要，时刻关心他们，帮助他们脱离困境，当他们遭到挫折而沮丧时，你应该给予鼓励。因为人在遭遇挫折的时候往往显得更脆弱，这个时候对他好，他往往能对你更加的感激，也会更加珍惜你的这份友情。

人的习惯之一，是往优秀出色的人身边靠拢。好像能与事业有成的人缔结关系，便可以巧妙地利用对方那股气势。这是理所当然的一种心理，然而在这种情况下交上的朋友，通常无法培育出可靠的人际关系。由于万事顺利、春风得意的人，人人都想与其结识，都想与其交上朋友，一方面他也顾不过来；另一方面他也无法与巴结他的人成为真正的朋友。

反之，如果与那些暂时不得势的人交往，并成为好朋友，那就完全不同了，就像买股票一样，买了最有价值的原始股，就像向"冷庙"烧香的道理一样。一般人烧香都选香火鼎盛的庙，认为这种庙比较灵验，可以庇护自己各方面顺利如意。而越是香火鼎盛的庙，越是吸引香客。至于香客寥寥的"冷庙"，不管这座庙灵不灵，除非有"神迹"出现，否则只会逐渐地"冷"下去。

但是殊不知善待落魄朋友的人，一旦那位落魄朋友时来运转的话，他当初的那份温情就会显得弥足珍贵，如果日后他需要帮助的话，定然会得到转势之友的大力相助，这也许就是"冷庙烧香"的好处吧。

　　从一定意义上说，对待落魄、失势者的态度不仅是对一个人交际品质的考验，而且也是建立良好人际关系的契机。世事沧桑，复杂多变，起起伏伏，实难预料。昨天的权贵，今天可能成为平民；路边乞丐，一夜之间也可能平步青云……

同学关系也要进化

前生的五百次回眸，才换来一次擦肩。你要回眸多少次，才能换来同学缘？

在人际交往中，我们一定要重视同学之间的友情。牢记这一点：同学关系能在你危急关头帮上大忙，或许还能帮助你成就一番事业。但是，如果期待关键时刻同学能对我们有所帮助，这需要我们平常多努力。如果你与同学分开以后，从来就没有联络过，别说请求同学帮忙办事了，可能他连你姓甚名谁都记不起来了。认识到了这些，就要学会将同学关系进化，尤其是到了社会上，就更要积极主动地与过去的老同学经常保持联系，加深彼此之间的感情。这样，才能在必要的时候得到同学的帮助。

某钢材公司销售部门经理王明，听说一公司要进一批钢材，正在联系货主。于是王明和该公司联系，但是他发现已有数家钢材公司同时和这家公司联系，竞争十分激烈。

王明通过调查该公司人员材料发现，该公司的一部门经理竟是自己高中时的同学任光，虽然王明与其十多年没见面了，但是王明还是决定约见任光。

在周六的晚上，王明和任光二人在"聚仙阁"酒楼相聚。两人见面后，自然是感慨万千，各自唏嘘不已。两人一阵寒暄后，王明就谈起了高中时的往事：

"任光，不知你还记不记得，高中一年级时我们的那次春游。那时真是天真烂漫的时候，记得爬山时的情景吗？咱班的马丽丽怎么也爬不动了，让你拉她一把，你脸红得不得了，还不好意思拉人家！"

任光不好意思地笑了起来："我那时哪有那么大的胆子，不比你，用一条橡皮'蛇'吓得女生们都不敢往前走了，还是我揭穿了你的诡计，把你的'蛇'扔到了山下，你还吵着让我赔来着！"说着两个人都笑了起来。

两个人又谈起了高中时的许多往事，不禁越谈越来劲，越谈越动情，两个人都落了泪。这时，时间已经不早了，两个人又聊到了当前的工作，王明顺势说："我们公司最近有一批好钢材，质优价廉，听说你们公司正需要，怎么样，咱兄弟也合作一回吧？"

当时的任光还正沉浸在高中的记忆之中，一听到老同学有所求，自己公司又需要，二话没说，当即就说："这不是太容易了嘛！回去我就跟销售经理说，凭我和他的关系，保证没问题。"果然，几天后，在老同学的帮助下，王明顺利地签订了购销合同。

王明正是利用与任光的这层同学关系，先勾起对方的回忆，再顺水推舟，提出合作之事，任光也乐得做个人情，双方既增进了友情，又做成了生意，可谓是一举两得。在当时有那么多的钢材公司在他之前，竞争是相当激烈的，但是他很容易地就把这笔买卖谈成了，这就是人脉动力的效应。

可是，在生活中，很多人都不重视同学之间的关系，他们认为同学之间只不过那几年的缘分，时过境迁，相互之间也就没什么值得留意的了。其实这种想法是错误的。在校期间，同学天天见面，嬉笑玩闹，不亦乐乎；一旦毕业，亲疏远近就靠自己维持了。

大千世界茫茫人海，既为同学，说明缘分不浅。虽相处时间不长，但这中间的关系值得珍惜，值得持续下去。如果你与同学分开后，还能保持相互联系，那对你的一生，或者说对你将来所要达到的目的与理想都会很有好处，这其中的有利方面，也许是你从未想到的。

最亲还是故乡人

同生在这块土地上，总有一种情感是切不断的。

每个人都有老乡，共同的人文背景、地理位置、风俗习惯，使老乡之间有一种天然的亲近感。因此，出门在外，老乡之间的感情是最深的。这也就使乡情成为老乡之间无形的办事资源。在这一点上，温州人是运用得最为熟练到位的。

温州人的许多生意经是其他人无从学起的，这主要因为温州人相互之间的信任感很强，紧密相连的人脉实际孕育了许多商机。

浙江商人非常注重老乡，出门在外的浙江人都非常愿意照顾自己的老乡，诸如"浙江村""温州街""义乌小商品城"等，都是老乡互相支持的表现。正是这种老乡关系，让浙江商人走到哪里都有一种归属感，走到哪里都有人帮助，他们的经商活动才能够顺利地进行。

2004年，温州有名的印刷设备经销商李方源决定移师南京，但是，怎么在这个人生地不熟的地方开展业务呢？李方源自然有他的办法。这是每一个浙江商人经商的套路。

首先，他摸清一大批在南京经商的温州人的下落，然后挨门逐户地拜托他们为其承揽一点业务，拉开一张有几百户的"老乡网"。

其他利用全国个私企业工作会议在温州召开的机会，在会场上结识了不少南京商客，尤其是与本行业有关的客户。

最后，他开始在南京招兵买马。

在推销产品过程中，李方源又遇到了麻烦。由于多年前"温州货"质量低劣的负面影响在南京人心目中烙印很深，他的产品无法一下子让南京人接受。但是，李方源并不担心，他只是耐心地等待机会。

机会终于被李方源等到了。

在全国印刷材料展销会上，他请许多专家介绍他的产品，并给企业免费使用。通过这一招，国内的企业都知道了他的产品质量，在产品质优的声誉下，产品的推荐就容易多了。现在，李方源的公司已经不再上门推销了，他们的产品在南京已经有了良好的声誉，客户都会直接找上门来，公司也开始盈利。

从开拓市场到盈利这个过程，李方源所花的时间不到一年，这让许多人感到有点不可思议。但是正是这种拓展老乡关系的能力，才使得每一个浙江商人无论走到哪里，都能够很快在当地扎根、发芽直至开花、结果。可见，老乡的作用之大。

那么，我们平时要怎么经营与老乡之间的关系呢？这里有几种方法：

1. 确认老乡资源，有效管理名单

在你的人脉资源名单里，应把"老乡"这一属性作为重点属性标注上去，比如个人的基本资料、兴趣嗜好、专长、性格特质等。通过这份人脉资源名单，可以看出自己的人脉关系组合特性，以后沟通时可作为交往的突破口。

2. 抓住老乡中的机遇

现代中国城市的移民化程度相当高，在任何一个单位、任何一个级别、任何一个场所，都可能有你的老乡。请培养你的老乡亲和力，尝试着和任何人说话。要知道，即使是在街上碰到的陌生人，都有可能因为一句老乡的攀谈而成为你事业生涯的贵人。

3. 与老乡形成对话，确保良性沟通

"老乡"可以是人际交往时良好的突破口，但在与老乡沟通的过程中，应该注意以下四点：①在交谈中尽量寻找双方地域上的交集，越近越好，这要求你对故乡的地理位置和风俗习惯比较熟悉。②不妨扩大地域概念的范围，比如你们是邻省、你的亲戚与对方是老乡等。③要善于评价对方老家所在地，给予对方深刻印象。④别忘记给他你的名片，名片就等于是你个人的行销档案，万万忘记不得。

4. 与老乡勤联系

关系只有用心维护才能变得更好。如果时间长不联系，再好的关系也会变得淡薄了。

5. 不要急功近利，要用心经营

老乡仅仅是交往的一个突破口，对待老乡的交往，不要抱以功利心态。与你是老乡，并不意味着他就一定会帮你，重要的是与之建立长久的互惠关系，而非为了特定的目的而进行交往。

上述几种方法尽管只是一些共性的介绍，但是如果你用心经营，相信你与老乡的关系也会变得越来越融洽。

第十二章

扫雷，不做社交礼仪的"败犬之王"

信仰新绅士主义的男人最受欢迎

你的风度，决定了成功的高度。

劳格娅从香港总公司到北京分公司出差，在国贸大厦里等电梯，待电梯停下，她正要进门，一个头发油亮、穿着西服的男人一个箭步抢到她的前面进了电梯，她看清楚了，那是一个外表英俊的男人，他坦然、自信，根本不知道他的举动给人留下了什么印象。劳格娅说："如果没有这个猴子般的举动，我会认为他是一个有影响力的男人。但是我真为他的外表可惜，为他作为一个穿西装的男人而可怜。"

如今，劳格娅已经定居国内，在现代化的大厦里工作，她对这种现象已经司空见惯、习以为常了。她说："过去出门时，我以为前面的男士会像海外的绅士一样为我开门，结果我常常被门撞到鼻子。现在我已经培养起了绅士的风度，习惯地为在身后的男士拉开门，不过，我很少得到'谢谢'的回报。"

言谈之中，不难看出劳格娅对于那些男士的失望。没错的，很多男人虽然衣着整洁，声音也很迷人，可是他的行为举止，真的是不够优雅。这样的男人，是注定了不会受到人们的欢迎的。

人们期望每个男人都是信奉新绅士主义的好男人，而那些在行为举止上缺乏优雅的人，人们往往会觉得他的修养不够好。所以，在与之交往的过程中，总是有一种不舒服的心理，不自然地就跟他们保持距离了。

可是，那些行为举止不优雅的男人并不这样认为，他们觉得那些不过是无关紧要的细节，却让人上纲上线到"修养"的问题上，未免有些小题大做了。但是，仔细想一想，我们生活中大部分的快乐都是通过有修养的行为得到回报的。我们每时每刻都在从内心里判断、评价一个人。陌生人的一个微笑，一句真诚的感谢，立刻会赢得我们由衷的赞赏："真有修养，真懂得礼貌。"同样的道理，无论你是什么人，你在做什么，每一个场合，每一分钟，只要有人存在，你的一举一动、一言一行都在表现着自己的修养，人们根据你的举动来判断："他是不是有修养和影响力？"其结果再简单不过了：有修养和影响力，人们就喜欢你；没有修养和影响力，人们就厌恶你。

在任何场合下，不要以为穿戴得如同世界名牌大会战就能够表现出卓越的修养，就能够展现出迷人的形象。优秀的外表包装是能够引人注目，但是，相应的举止和修养才真正让我们脱颖而出！然而，很多外表"卓越不凡"的人的举止却对不起他昂贵的外表，他们留给别人的印象并不是杰出的外表、有修养的举止，而是自私的、缺乏教养的、让人反感和憎恶的低劣举动。

修养常常不表现在大事上，而是反映在那些你从来都漫不经心的小节上。你以为没人在意，但是这只是自己在掩耳盗铃。

修养体现在我们的一举一动之中，有标准的社交举止的人并不一定就有修养。这让很多有影响力的人很困惑，一些人幼稚地以为尖锐、强干、威力的做事方法就会获得别人的重视和尊重，"据理力争""得理不饶人""痛打落水狗"的行为和咄咄逼人、气势汹汹的态度，并不会强化你的影响力。在文明社会里，一个优雅高尚让人尊重的形象，绝不会来自强暴、争斗、金钱的堆积和权力的掌握。因而，有人总结道："有钱买不来影响力。"宽容、大度、得理依然饶人的处世态度，比你懂得如何欣赏战国时代的古董更让人尊重。

我们应该时刻谨记，我们的生活是由各种微小的细节组成的，细小的事物也能够引发出伟大的结果。恶劣的小节，也会导致恶性的影响，留下恶性的印象。小事不为者，大事难成。对于修养小节视而不见，疏而忽之，久而久之，就会自然而然地养成恶性的习惯，而习惯又会渗透到思想意识之中，它不但会导致堕落的、恶性的、愚蠢的思维方式，还会污染一个人的灵魂。

所以，要想成为最受欢迎的男人，你就必须从现在开始注意自己的行为举止，信奉新绅士主义，利用外在的一举一动来传达我们内心对别人的尊重和肯定。

职场杜拉拉，别因粉妆自掉身价

粉妆，能让你"顾盼生辉"，也能让你"黯然失色"。

职场女性，很多人都想如杜拉拉一样，对事情应对自如，对生活顾及全面。可是，很多女性都会因为"妆容"的不得体而做不到十全十美。那么，职场女性，到底应该怎样装扮自己的面容才能提升自己的身价，让她看起来更趋近于完美呢？

答案是：职场女性可以根据自己的肤色化妆，只要掌握了化妆的技巧，就会达到很好的效果，为自己增添魅力。

1. 白皙皮肤

白皙皮肤较黑皮肤更易显出瑕点，因此应用浅色的遮瑕膏及粉底。将遮瑕膏分别点在眼睛、鼻周围及颧骨等部位，小心按摩眼睛周围的娇嫩肌肤；如果皮肤呈现出红色斑块，可改用有修改色调作用的修护粉底，用海绵把两者混合；在颧、面颊及前额点上粉底，涂抹后再扑上透明的干粉；眼部涂上亚褐色眼影，用柔和的古铜色胭脂扫擦颧部。

2. 深色皮肤

大部分深色皮肤有色斑，需要妥善处理。用比你的肤色浅两度的遮瑕膏，扫擦较深色或不均匀的部位；宜使用不含油脂的液体粉底，色调应该比你的肤色浅；轻轻扑上透明干粉。对于黝黑皮肤，你可能需要用有色干粉，可抹上紫丁香或粉红干粉，增加暖色的感觉；然后抹上黄褐色或古铜色胭脂；以灰色或深紫色眼影美化明眸。

3. 橄榄色皮肤

橄榄色皮肤看起来灰黄疲乏，因此带粉红色的粉底可以令人精神一振。用遮瑕膏遮蔽瑕点，小心按摩；用湿海绵涂粉底，切勿漏掉耳朵部位，颧骨部分要看起来自然；用大毛刷施上紫丁香干粉，遍扫面及颈项各个部位；用干净的毛刷扫去多余干粉；用黑褐色或紫红色眼影，唇膏用玫瑰红色，令脸部明艳照人。

4. 雀斑脸

用浅色液体遮瑕膏遮掩阴影及瑕点，可将白色修护粉底液混合浅米色粉底，调成遮瑕膏，轻轻点在眼睛周围，小心按摩眼睛周围的皮肤；雀斑皮肤只需要少许干粉，如果面部的雀斑显著突出，可以采用化眼妆的方法来转移视线，把他人的注意力吸引到眼睛上；眼线要贴近眼睫毛，用灰色及褐色眼线笔，这样看来比较自然，切勿使用黑色，因为会与浅色的皮肤形成强烈的对比；涂上黑褐色睫毛液，再用软毛刷涂上浅褐色睫毛液，令眼睛看起来自然柔和；用玫瑰色唇膏掺杂玫瑰水，使朱唇保持湿润，要使妆容自然，可用海绵块轻轻抹去多余的颜色；最后在面颊上施上锈色胭脂，使之艳光四射，引来羡慕的目光。

职场女性除了要会根据自己的肤色化妆外，还要学会根据自己的形态特点给自己化妆，正所谓"欲把西湖比西子，淡妆浓抹总相宜"，这样才能让自己容光焕发、魅力无穷。

1. 学会打粉底

在上浅色的粉底之前，先在脸上抹上薄薄一层绿色肤色修颜液，然后再擦上少量浅肤色粉底，能使你的皮肤迅速白皙。

2. 眼部化妆技巧

第一步是施眼影粉，眼影粉不能直接抹，应在粉底的基础上施入。涂上以后，要尽量以棉棒使之均匀。第二步是画眼线。画眼线用力要均匀。第三步是上睫毛液。睫毛液一次不能上得过多，先上一遍，等干了之后再上一遍。

3. 不同唇形的化妆技巧

厚嘴唇要先用粉底厚厚地抹一层，盖住原来的轮廓，然后涂一些蜜粉，再涂上口红。要使嘴角微微上翘。薄嘴唇在化妆时，要尽力表现出双唇的饱满，在画唇线时可以稍稍往外画一点儿，在上唇的中央画优美的曲线，使嘴唇显得丰满些。在涂唇膏时不要让原有的唇线透出来。要注意上下唇的中间颜色要浅一点儿，唇峰的颜色要深一点儿，深浅过渡要自然，突出立体效果。

职场女性，千万不可在"妆容"上失分，因为那会令你的形象大打折扣。但是如果你掌握了以上这些简单的化妆技巧，就会为你的妆容加分，让自己的外在形象更加富有魅力。

看"朋克"美女最爱"败"什么饰品

饰品虽小，可是能够为人们增添的魅力是无穷的。

"朋克"，通常是个性的代名词。在讲究个性的时代里，美女也开始了"朋克"路线，希望能够把自己打扮得漂亮、个性，能够让人从很远的地方就认出来自己。可是，相对于外表而言每一个女性都会注意自己的衣服、鞋子、化妆等修饰，所以单凭这些事没有办法将自己从众多美女中凸显出来的。所以，很多聪明的"朋克女"开始在饰品上大下功夫。

也别说，饰品虽小，可是能够为人们增添的魅力是无穷的。那些"朋克"美女，到底喜欢"败"什么样的饰品呢？有了饰品，又应该怎样搭配呢？下面我们来给大家介绍几种"朋克"美女的饰品最爱：

1．耳饰

耳饰的佩戴艺术，其真谛在于能够与周围的环境和个人的气质、脸形、发型、着装等结合为一体，而达到最美好的修饰效果。

耳饰由于靠近脸，对脸部起到一种平衡作用，因此，佩戴不当往往适得其反。一般来说，椭圆形脸选择耳饰的式样可随意，但其他脸形就要有选择地佩戴。四方脸形宜佩戴圆弧形耳环；长脸形宜选择圆形耳环，切不可在耳垂上挂长形耳环；尖下巴的人更适合佩戴圆形吊坠式耳环，以增强脸部的圆润感；圆脸形如佩上坠式三角形或四方形耳环，会使脸庞更显活泼明丽的轮廓，切不可佩戴圆形耳环，那会使脸部显得滚圆胖大。耳饰的大小应与脸部的大小成正比。

另外，女人在佩戴耳饰的时候，还要注意与服装和发型的搭配，一定充分利用你的耳饰，让它为你的魅力加分。

2．手镯

现代的时装设计高手，绝不忽视手镯的陪衬，手镯就是在平平常常的服装中显出风格，流露出女性魅力。

如果你拥有漂亮修长的手臂和细小的手腕，应当把手镯戴在接近手腕的地方；如果手臂太瘦，应当戴细小的金属手镯或手链，而不要戴粗大的玉镯，否则宽大的手镯会使太瘦的手臂显得更加瘦骨嶙峋。假如你的手指肥短、指甲不美观，手镯就要戴得稍高一些，使人的注意力离开你的手；手臂和手腕稍粗的女人，应戴宽而厚的手镯，也就是说，手镯越粗大，越使手腕和手臂显得细小。

3. 戒指

手形纤细修长的女人可佩戴任何款式的戒指，尤其是宝石镶嵌的钻戒和较大一些的珠宝戒指，会把柔嫩的手指衬托得分外秀丽；手指粗短，如佩戴上蛋形戒指，会增加手指的细长感，但要选择窄边指环。

另外，女性在佩戴戒指时还应注意：如果在一只手指上戴两个宝石戒指，这两个戒指应交叉佩戴。由于两宝石面相互交错，在各种场合都更宜于显示高贵和典雅。

4. 项链

项链是女性们极为普遍的装饰品，但由于颈部长短粗细的不同，其佩戴也不尽相同。颈部粗短的人应选择细而长的项链，这样脖颈会显得修长些；颈部细长的人应佩戴稍粗一些的贴颈短项链、带状颈圈或大圆珠宝石项链。项链的种类繁多，造型丰富，具有较强的装饰性，如果恰当地佩戴，能够起到扬长避短的效果。

5. 丝巾

如果将不同颜色、不同图案的丝巾以不同的方式打结，再配以适合的发型和衣着，便可变换出不同寻常的姿态，时而显得端庄秀丽，时而显得恬静贤淑，时而热情奔放，时而甜美可人。

巧妙的丝巾搭配，真可谓五彩缤纷、多姿多彩。既显个性又添魅力的丝巾，在女士们的胸前飘荡起来，令她们的神采飞扬起来，容颜靓丽起来。丝巾，实在是一道迷人的风景线。

在平时的生活中，你是否也像"朋克"美女一样，善于利用各种饰品来装点自己，使自己更有气质、更美丽呢？如果没有，就开始行动吧！

小心你的发型流露出土气

好印象，总是从"头"开始。

按照一般习惯，注意和打量他人，往往是从头部开始的。而头发生长于头顶，位于人体的"制高点"，所以更容易最先引起人的注意。鉴于此，要想在社交中给对方留下好印象，就要用心打理自己的头发，别让你的发型给对方留下"老土"的印象。

通常情况下，打理头发，应注意的问题有四个方面：

1. 勤于梳洗

头发是人们脸面之中的脸面，所以应当自觉地做好日常护理。不论有无交际应酬活动，平日都要对自己的头发勤于梳洗，不要临阵磨枪，更不能忽略此点，疏于对头发的"管理"。

通常理发，男士应为半月左右一次，女士可根据个人情况而定，但最长不应长于1个月。洗发，应当3天左右进行一次，若能天天都洗自然更好。至于梳理头发，更应当时时不忘，见机行事。总之，头发一定要洗净、理好、梳整齐。

有影响力的人如有重要的交际应酬，应于事前再进行一次洗发、理发、梳发，不必拘泥于以上时限。不过务必切记，此类活动应在"幕后"操作，不可当众"演出"。

2. 发型得体

发型，即头发的整体造型。在理发与修饰头发时，对此都不容回避。选择发型，除个人偏好可适当兼顾外，最重要的是要考虑个人的影响力和所处场合。

（1）所处场合。在社会生活里，人们的职业不同、身份不同、工作环境不同，发型自然也应有所不同。总而言之，在工作场合抛头露面的人，发型应当传统、庄重、保守一些；在社交场合频频亮相的人，发型则应当个性、时尚、艺术一些。至于前卫、怪异的发型，大约只有对艺术工作者才是适当的。

（2）个人条件。个人条件，包括发质、脸形、身高、胖瘦、年纪、着装、佩饰、性格等，都影响到发型的选择，对此切不可掉以轻心，不闻不问。

在上述个人条件里，脸形对发型的选择影响最大。选择发型时，一定要考虑自己的脸形特点，例如，国字脸的男士最好别理板寸，否则看上去好像一张扑克牌。

3. 美化自然

人们在修饰头发时，往往会有意识地运用某些技术手段对其进行美化，这就是所谓美发。美发不仅要美观大方，而且要自然得体，不宜雕琢痕迹过重，或是不合时宜。

在通常情况下，美发的方法有四种形式，它们分别是：

（1）烫发。烫发，即运用物理手段或化学手段，将头发做成适当形状的方法。决定烫发之前，先要看一下本人发质、年龄、职业是否合适。

（2）染发。发色不理想，或是头发变白，即可使用染发剂令其变色。对中国人而言，将头发染黑不必非议，而若想将其染成其他色彩，甚至染成多色彩发，则须三思而行。

（3）作发。作发，即运用发油、发露、发乳、发胶、摩丝等美发用品，将头发塑造成一定形状，或对其进行护理。作发的要求与烫发的要求大体相似。

（4）假发。头发有先天缺陷或后天缺陷者，均可选戴假发。选择假发，一是要使用方便；二是要天衣无缝，不可过分俗气。

让对方为你的声音着迷

如果你没有一副悦耳动听的好嗓音，那么你也可以使自己的声音给人以如沐春风之感。

如果你有一副好听的嗓音，那么，这就是你参与说话讨论的天生资质，你就一定能引起别人的注意，并很可能因此成为讨论的主角。如果你没有一副悦耳动听的好嗓音，那么你也要力求使自己的声音给人以如沐春风之感。

那么，怎样才能使你的声音为你增添魅力，让对方着迷呢？

1. 注意自己聊天的语调

语调能反映出一个人的内心世界、情感和态度。你是一个热情诚恳、令人信服、乐观幽默、可亲可敬的人，还是一个呆板保守、具有挑衅性、好阿谀奉承、令人生厌的人；你是一个优柔寡断、自卑、充满敌意的人，还是一个诚实果断、自信、坦率并尊重他人的人。从你说话的语调中，人们都能感受出来。

无论你谈论什么样的话题，都应保持说话的语调与所谈及的内容相协调，并能恰当地表明你对某一话题的态度。

动听的语调有助于提升你的个人魅力，亲切的话语往往比雷霆万钧更能得到你预期的反应。

2. 注意发音的准确性

人们所说出的每一句话、每一个词都是由一个个最基本的语音单位组成，然后加上适当的重音和语调。正确而恰当的发音，将有助于你准确地表达自己的思想。这也是提高你的言辞智商的一个重要方面。只有清晰准确地发出每一个音节，才能清楚明白地表达出自己的思想。相反，不清晰的发音将有损于你的形象，有碍于你展示自己的思想和才能。

3．不要让声音尖刻刺耳

每个人的音域范围可塑性很大，或高亢，或低沉，或单一，或浑厚。聊天时，你必须注意控制自己的音色，不要让自己的声音尖刻刺耳。

有时，为了获得一种特殊的表达效果，人们会故意降低音调。但大多数情况下，应该在自身音调的上下限之间找到一种恰当的平衡。

4．控制说话时的音量

有的人说话时为了引起别人的注意，发出的声音往往又尖又高。

其实，语言的威慑力和影响力与声音的大小，是完全不同的两回事。不要以为大喊大叫就一定能影响他人，声音过大只能迫使他人不愿听你讲话，甚至讨厌你这个人。与音调一样，我们聊天的声音大小也有其范围。试着发出各种音量大小不同的声音，并仔细听听，找到一种最为合适的、最易为人所接受的音量。

5．充满热情与活力

响亮而生机勃勃的声音给人以充满活力与生命力旺盛之感。当你向他人传递信息、劝说他人时，这一点有着重大的影响力。当你讲话时，你的情绪、表情同你聊天的内容一样，会带动和感染你的听众。

6．注意聊天的语速

要知道声音的力量足以影响世界。而且，我们自己说话的语速，总是随我们自身的变化而变化。它深刻地影响着我们感知自己以及他人反应的方式。在"影响力的调查问卷"的回答者中，有高达90％的人都认为，语速是一个人影响力的最重要的构成要素之一。

所以在说话的时候，一定要努力保持恰当的语速，不要太快也不要太慢，并在聊天时不断地调整。当你想和别人交谈时，选择合适的语速十分重要。偶尔的停顿无关紧要，不过不要在停顿时加上"嗯"或时不时地清嗓子。

综上所述，在与人交谈的过程中，尽管音质是后天不可改变的，可是只要掌握好说话的语态等方面的因素，你的声音完全可以让对方着迷。

掌握穿衣要诀，你也可以成为"百变明星"

如果说一个人是一本书，那么衣服就是这本书的封面。

在与人交际的过程中，时刻都要注意自己的形象，而这其中最应该注意的，要数着装。注意着装不仅仅是为了取悦别人，还是显示身份、维护尊严的手段。所以，我们必须将衣服穿出品位，穿出特点。

可是，怎样才能将衣服穿得恰到好处呢？怎样才能掌握穿衣要诀呢？答案只有八个字：应己、应事、应时、应景。

1. 应己着装

所谓应己，即要求在选择着装时要因人而异，使所穿服装与自己的身体条件相适应。能够根据自己的身体条件选择服装，才能扬长避短，充分展示个人的最佳形象。具体而言，应己原则应围绕性别、年龄、肤色、形体这四大身体条件展开。

（1）性别。男着男装，女着女装，这是人人都应具有的基本常识。然而服装的中性化趋势日益明显，许多服装不分男女，已成为男女的共同选择。更有一部分人崇尚男服女穿、女服男穿，俨然成为一种时尚。然而对于力求着装保守、规范的人来说，是绝对不能追随这一趋势与潮流的。尤其在涉外交往中，更不能误认为这是外国时尚而"投其所好"。

（2）年龄。不同的年龄对着装有不同的要求。在选择着装时，务必要考虑到自己的年龄因素，使自己的着装与年龄相符。否则，便会不合时宜，贻笑大方。

（3）肤色。所着服装颜色还应与自己的肤色相协调。尽管绝大多数中国人都是黄皮肤，但具体到个人来讲，肤色是同中有异的，因而对服装颜色也有着不同的要求。例如，肤色白净者，适合穿各色服装；肤色偏黑或发红者，忌穿深色服装；肤色发黄或苍白者，宜穿浅色服装，等等。

（4）体形。人有高矮胖瘦之分，具体到身体各部分还有标准与不标准之别，这就是个人形体条件的差异。不同的形体条件应当选择不同的着装。人们如果不注意自己的体形而乱穿衣，显然会闹出笑话。

2．应事着装

所谓应事，即要根据自己所要办理的事情的不同而选择不同的着装，使自己的着装与所办的事情相配合、相呼应。所办理的事情不同，就意味着所处场合的不同。不同的场合，着装应有所不同；特定的场合，往往有特定的着装要求。不遵循这套规矩，摆出"以不变应万变"的姿态，或者着装不分场合，不与所处场合协调一致，难免会招惹麻烦。

3．应时着装

与时代变化同步。着装不应与时代脱节，不同的时代有着不同的着装习惯与特征。随着时代的发展，服装也在不断地更新换代、发展变化，自然应顺应时代发展的要求，在着装上体现出时代的特征。尽管从服装本身的发展规律来看，不时会出现复古或超前的现象，但其主旋律一直是与时代前进的步伐在大体上保持一致的。着装固然要遵循"相对保守、朴素大方"的原则，从而给人以稳重可靠、沉着踏实的印象，但这并不意味着要使自己的着装落伍于时代，从而走向另一个极端，这样会让人觉得因循守旧、冥顽不化。

4．应景着装

所谓应景，是要求在着装时必须考虑到自己即将出场或主要活动的地点，使服装尽量与自己所处的场合保持和谐一致。在工作时必须身着工作装。穿着制服或西服套裙处理公务，会显得正规而庄重，能令人肃然起敬。如果穿着牛仔服、运动鞋或是网球服去上班，甚至外出办事，就会给人以不庄重的感觉，是不合适的。

如果你是高级职员，那就穿得体面些。职位越高，穿着始终与众不同就越显重要；如果你是一般职员，那么不要穿那些不适于工作的业余服装；如果你为自己工作，那么不要胡乱穿衣，要穿质量过得去的衣服，让自己具有成功者的形象。

留意你的服饰和仪表吧！这并不是叫你穿上最流行、最时髦的衣服，也不是让你保留最摩登的发型，只是要求你穿得使人有整齐、清洁之感，面颊和发型都很娴雅、自然、得体就行，至于衣服新旧等问题都是次要的。

掌握穿衣要诀，你也可以是"百变明星"。一套剪裁得体、质地优良、色彩和谐的服装，再加上恰到好处的饰品，瞬间就可以塑造出一个风采出众的人。

第十三章

参加宴会要懂的细节

好理由是完美宴请的幕后推手

请客前，一定要找个好理由堵住别人拒绝的嘴。

宴请是交际中最常用的一种手段，恰当的宴请可以为顺利拓展人脉提供条件、奠定基础。

刘强是刚毕业的大学生，初入职场的他和办公室里元老级的同事总有些不合拍，连科长都说他有些木讷。办公室里的同事总能找到理由请客，科长也时不时欣然前往。而刘强更加被孤立，虽然他也在寻找请客的理由，以期拉近和大家的关系。

刘强没有女朋友，生日也还有半年多的时间，他实在找不到可以宴请大家的理由，又怕落个马屁精的雅号。这天，刘强在路边的饭厅吃午餐，看到对面有个福利彩票销售点，很多人排着队在买彩票。刘强灵光一闪，顿时想到一个好办法。

从那天，刘强开始买彩票，还有意无意将买来的彩票遗忘在办公桌上。刘强买彩票的消息，在同事间不胫而走。还没等大家把这个消息炒成办公室最热门话题，刘强一天早上郑重地宣布自己获得20000元的一个奖。下班了，同事和科长被请进了饭店，酒足饭饱后，刘强从大家的眼神里看到了认可和友好的神情。

从此以后，他也渐渐融入了办公室这个大集体，上司和同事对他伸出帮助之手。就连他以后结婚分房的事，也是科长和同事鼎力相助的结果。而这一切要谢就得谢那次虚拟的"中奖"啦。

俗话说，"吃人家的嘴短"，很多人都明白这个道理，所以并不是所有的宴请人们都会捧场。有一些邀请，即使自己不需要花一分钱，但很多人也往往会想办法拒绝。所以，宴请别人之前一定要找个好理由，理由找好了，才能让对方欣然赴宴，你的目的才有可能达成。

通常情况下，根据邀请对象的不同会采取不同的方式发出邀请。

如大多数学者、专家、领导等，工作忙、时间紧，对他们最好提前相约，以便他们做好工作调整、时间安排；如对某团体的要人，公开邀请，甚至借助传播媒介，既能体现公正无私、光明磊落，又利于引起关注、促进宣传、扩大影响。

向别人发出邀请，有多种方式。

或者采用开门见山式，例如，当你想邀请上级领导吃饭时，就可以直接说："请问徐经理吗？我们现在在某某酒楼吃饭，过来认识几个朋友吧，我们等你来啊。"这种方式既显示出了关系的亲近，活跃气氛，又能使求人办事变得很自然。

或者采用借花献佛式，例如："陈工！今天获奖名单公布了，我中奖了！走吧，我们去庆祝庆祝！"然后在酒宴上再提自己求他所办之事，那个时候他的酒都喝了，哪好意思不帮你？

或者采用喧宾夺主式，例如："哦！你中午没有时间啊？没有关系，这样吧，下午我去订个位置，然后晚上你带上你的家人，我们一起去吃怎样啊？晚上我给你电话哦！"这样发出去的邀请，别人就很难再有借口推辞了。你也就有了接近对方的机会。

如今，请客吃饭在很大程度上已失去了原来的意义，变成了一种排场，一种面子，一种投资，一种手段。因此，有人戏言："做事情离不开请客吃饭。"也许人们正是发现了请客吃饭是一种十分体面而又毫无风险的"创收手段"，所以请客的理由越来越多，五花八门。比如生日、乔迁、工作调动、开业典礼等都要请客，单是在孩子身上就有满月、百天、抓周、生日、上大学等多次请客的机会。甚至在求人办事时，也会找出好多理由宴请别人。那么，想要拓展人脉的你，更应该在宴请的时候找一个好理由，让对方无法拒绝你的好意。

宴请地点很重要

地点不重要，让你和你的客人都满意的地点才重要。

中国人最讲究"风水学"，不管是做什么事情，都对地点格外地讲究。宴请也是这样的，如果地点没有找好，那么宴请的效果就将大打折扣。可是，怎样才能选择合适的宴请地点呢？在这里我们简单地给您介绍几种方法：

1. 宴请别人时，要考虑被宴请的对象和事由，选择宴请地点。

根据主人意愿、邀请的对象、活动性质、规模大小及形式、商谈的内容等因素，选择宴请的地点。一场宴会，你所宴请的对象可能不止一两个，要想让一种宴会环境满足所有与宴者的心理要求是很难的，这就要求我们在尽量满足大多数与宴者的客观要求的同时，侧重迎合其中少数特殊人物的心理要求。很显然，这些特殊人物对你办事情要有非常大的帮助才行。当主宾的地位、身份、影响高于主人时，以主宾为主。当主宾的身份、地位低于主人时，则要以主人为主。

2. 确定宴请地点时，要考虑周边环境、卫生、设施和交通状况等问题。这样，于人于己都很方便。

（1）选择交通方便的地方。选择用餐地点，对于交通方便与否，也要高度关注。要充分考虑聚餐者来去交通是否方便，有无停车场所，有无交通线路通过此处，是否有必要为聚餐者预备交通工具等一系列的具体问题。

（2）选择卫生良好的饭店。外出用餐时，人们最担心的就是"病从口入"。所以确定宴请的地点时，一定要看其卫生状况如何。倘若用餐地点过脏、过乱，会破坏用餐者的食欲。

（3）选择环境幽雅的地方。对现代人来讲，宴请不仅仅是为了"吃东西"，而且也讲究重环境。如果用餐地点档次过低。环境不佳，即便菜肴再有特色，也会令宴请大打折扣。

这里的环境既包括宴会举办场地的自然环境（湖边、闹市、船上等），宴会所在的建筑环境（酒店建筑风格、餐厅装修特点等），也包括宴会举办场地——餐厅的大小、空气状况和环境布置等。

除此之外，确定宴请地点时还应注意以下问题：

（1）询问你的客人是否有某些饮食方面的偏好，比如是否属于素食主义者或者是否爱吃鱼等，事前确保你选择的饭店符合客人的口味。

（2）选择一处大家都喜欢的地点就餐，让聚会中的每个人都有宾至如归的感觉也是很重要的。比方说，要事先问清楚有没有适合素食者的选择、小孩子用的高凳，还有那些对某些食物过敏的人能吃的东西。如果聚会上的人有需要的话，甚至还要看看有没有足够的车位。

（3）请熟悉的人去不熟悉的饭店，请不熟悉的人去熟悉的饭店。对熟人（包括家人、朋友等），可以去以前没去过的饭店尝尝鲜、探探路，熟人在一起就不必拘束，可以随心而为；可畅心问价、调换，等等。而请不熟悉的和重要的客人则要求对整个点菜服务质量等了然于胸，这样就需要去一个熟悉的饭店。

怎样安排客人的座次

一张桌子配了若干把椅子，可你怎样给这些椅子分配要服侍的主人？

宴请的每一个细节都不容忽视。所以，在对方已经到了宴请地点的时候，如何安排客人的座次，成为最让主人头疼的一件事情。这个时候，如果安排不当，很有可能令客人心生不满，你的宴请也会因为这样的失误而大大跌份。

那么，作为宴会的主人，应该怎样为客人安排座次呢？在这里，有几种方法仅供大家借鉴。

1. 中餐的座次安排

如果请客人吃中餐，那么桌具的演进使座位的排法发生了变化，但总体来说，座次是"尚左尊东""面朝大门为尊"。如果是家宴，则首席为辈分最高的长者，之后按照辈分的高低下排，末席为最低者。

如果是圆桌，则正对大门的为主客，左手边依次为2、4、6等以此类推，右手边依次为3、5、7等直至汇合。巡酒时自首席按顺序一路敬下。

如果是八仙桌，若有正对大门的座位，则正对大门一侧的右位为主客。如果不正对大门，则面东的一侧右席为首席。然后首席的左手边坐开去为2、4、6，右手边为3、5、7。

如果是大宴，桌与桌间的排列讲究首席居前居中，左边依次2、4、6席，右边为3、5、7席，根据主客身份、地位、亲疏分坐。

中国人的讲究很多，对于座位的排序，也会有很多的要求和顾及。在这里并不能一一列举，可是在宴请的时候，一定要小心谨慎，遇到自己弄不清楚的地方，赶紧向有经验的人请教，否则在宴会上做得不好或者不够，就难免会让你的客人觉得你很失礼了。

2．西餐的座次安排

尽管文化的不同，致使西餐跟中餐的方式有很大的不同，可是对于坐席的安排，西餐也是格外重视的。如果用西餐请客，则有如下礼仪，千万不可坐错了位子。

（1）桌次：在正式宴会上，桌次的高低尊卑以距离主桌位置的远近而定，越靠右的桌次越尊贵，桌次较多时一般摆放桌次牌；在同一桌上，越靠近主人的座位越尊贵。

（2）位次：英国式的座位顺序为，主人坐在桌子两端，原则上是男女交叉坐；法国式的座位顺序为，主人相对坐在桌子中央。以女主人的座位为准，主宾应当坐在女主人的右上方，主宾夫人坐在男主人的右上方。

（3）在非正式宴会上，座位遵循女士优先的原则。如果是男女二人进餐，男士应请女士坐在自己的右边，还要注意不可让她坐在人来人往的过道边。若只有一个靠墙的位置，应请女士就座，男士坐在她的对面。如果是一对夫妻就餐，夫人应坐在靠墙的位置上，先生则坐在夫人的对面。如果两位男士陪同一位女士进餐，女士应坐在两位男士的中间。如果两位同性进餐，那么靠墙的位置应让给其中的年长者。男士应当主动为女士移动椅子让女士先坐。

安排客人的座次，是宴请过程中极其重要的环节。作为主人，一定要格外注意，不要因为任何的失误而使自己的宴请降低水准。

酒桌上如何说话

说到点子上，喝酒就能喝出名堂来。

"酒文化"是一个既古老而又新鲜的话题，现代人在交际过程中，已越来越多地发挥酒的作用了。的确，酒在人们的交往中，可以起到沟通感情，促进交流的作用。而如何在酒桌上说话，就成为一门需要研究的技巧。

1. 瞄准宾主，把握大局

大多数酒宴都有一个主题，也就是喝酒的目的。赴宴时首先应环视一下各位的神态表情，分清主次，不要单纯地为了喝酒而喝酒，而失去交友的好机会，更不要让某些哗众取宠的酒徒搅乱东道主的意思。

2. 语言得当，诙谐幽默

酒桌上可以显示出一个人的才华、学识、修养和交际风度，有时一句诙谐幽默的语言，会给别人留下很深的印象，使人无形中对你产生好感。但在一些正式场合还是需要有所顾忌，如"客人喝酒就得醉，要不主人多惭愧""喝酒不喝白，感情上不来""量小非君子，无毒不丈夫""人在江湖走，哪能不喝酒""宁可胃上烂个洞，不叫感情裂条缝"等内容，虽然语言诙谐，或许能起到调节宴会气氛的效果，但是格调不高，还是不用为妙，否则只能让在座人士对你的印象大打折扣。

如果是在十分庄重的交际宴请中，劝酒辞就要讲求文采和风格。且看某市市长出访德国马尔巴赫市，在欢庆两市成为友好城市的晚宴上的一段致辞。

"让我端起金色的葡萄酒，在诗人席勒的故乡，用他著名的《欢乐颂》里的一段话，为我们已经签订的盟约干杯！巩固这个神圣的团体，凭着这金色美酒起誓：对于盟约要矢志不移，凭星空的审判起誓。"

这段劝酒辞风格独特。它突出该市是席勒的故乡这一典型特征，引用席勒的名诗名句，把酒会的欢乐气氛及双方长期友好合作的愿望表达得淋漓尽致。

3．敬酒有序，主次分明

敬酒也是一门学问。一般情况下敬酒应以年龄大小、职位高低、宾主身份为序，敬酒前一定要充分考虑好敬酒的顺序，分明主次。即使与不熟悉的人在一起喝酒，也要先打听一下身份或是留意别人如何称呼，这一点心中要有数，避免出现尴尬或伤感情。

4．察言观色，了解人心

要想在酒桌上得到大家的赞赏，就必须学会察言观色。因为与人交际，就要了解人心，左右逢源，才能演好酒桌上的角色。

5．众欢同乐，切忌私语

大多数酒宴宾客都较多，所以应尽量多谈论一些大部分人能够参与的话题，得到多数人的认同。

6．锋芒渐射，稳坐泰山

酒席宴上要看清场合，正确估价自己的实力，不要太冲动，尽量保留一些酒力和说话的分寸，既不让别人小看自己又不要过分地表露自身，选择适当的机会，逐渐放射自己的锋芒，才能稳坐泰山，不致给别人产生"就这点能力"的想法，使大家不敢低估你的实力。

7．劝酒适度，切莫强求

"以酒论英雄"，对酒量大的人还可以，酒量小的可就犯难了，有时过分地劝酒，会将原有的朋友感情完全破坏。

学会在酒桌上得体地说话，你便能在交际应酬中把握住展现自己的机遇。学会在酒桌上说话，可让你在瞬间亲近别人，很快地跟对方成为好朋友。

点菜不再是难题

点菜难，难于上青天。

吃饭时候，点菜是一门大学问，各种菜系菜品讲究风味、时令、原料、组合及其价格等，内含营养学、心理学、经济学、地理学、社会学等，它跨多门学科，活似一套大百科。大家都经历过，很多的人说点菜难，让人头疼几乎"难于上青天"。究其原因，大概有以下几点：

（1）菜的种类繁多。中国地域广阔，民以食为天，饭店林立，不同的饭店有不尽相同的菜肴。就一个饭店来说，其菜肴的数量也有几十种，大的饭店有上百种甚至上千种。这么多的菜，真可谓眼花缭乱，到吃的时候还真不知怎么点菜才能吃得好。

（2）人情和面子在酒菜之中。如果你做东，客人们在场你当然不能把自己弄得没面子，心里却是提心吊胆。请客的人爱让客人点菜，可客人初来乍到也怕把驴唇点成马嘴，很多菜看菜名根本不知道是什么菜，尖椒土豆丝倒是任何菜馆都有，可你点这菜不等于点咸菜不给主人面子嘛。主人点菜当然会挑有特色的菜。可特色菜也有特贵的，且特贵的也不见得客人特爱吃，贱的菜就把友谊大打折扣了。

（3）在中国的国度里，吃饭已经超出了疗饥果腹的范围和程度，而成为官商及其生活中的应酬。酒食征逐的媒介和手段之后，点菜更成为一件头等重要的大事。点菜需要广博的知识既要有多吃、海吃的经验体会，又要会察言观色，懂得人情世故。的确，要点出一些让大家都满意的各式各样的菜单绝非易事。

（4）有些饭店的阴谋。饭店的服务员都是"几多风雨""笑里藏刀"。你刚落座，他们就当着被请者给你指点"光明大道"，把"推销"发挥到极点："先生来个清炖甲鱼，或者葱炒膏蟹，要不要来个刺身三文鱼……"每个菜都数百元上千元，看着菜名后面的价格与自己的实际支出能力之间的差距越来越大，此时你只能是一边强装笑脸满口应下，一边心里又大不是滋味。

请客吃饭，点菜确实是件最令人头疼的事情。特别是求人办事，随着被请者的资力以及所办事情的难易程度，点菜的难度系数也随之起落。可是不管点菜多么难，都必须要面对这个难题。那么，怎么应对宴请中点菜这一环节呢？下面的方法也许能够给您提供一些参考：

如果你是请客者，若时间允许，应等客人到齐之后，将菜单供客人传阅，并请他们来点菜。当然，如果是公务宴请，要控制预算，你需要多做饭前功课，选择合适档次的请客地点非常重要。一般来说，如果由你来埋单，客人也不太好意思点菜，都会让你来做主。如果你的上司也在宴席上，千万不要因为尊重他，或是认为他应酬经验丰富，酒席吃得多，而让他来点菜，除非是他主动要求，否则，他会觉得不够体面。

如果你是作为赴宴者出现在宴席上，在点菜时，不应该太过主动，而要让主人来点菜。如果对方盛情要求，你可以点一个不太贵、又不是大家忌口的菜，最好征询一下同桌人的意见，特别是问一下"有没有哪些是不吃的"或是"比较喜欢吃什么"，要让大家有被照顾到的感觉。点菜后，可以请示"我点了菜，不知道是否合几位的口味""要不要再来点其他什么"，等等。

点菜水平的高低直接影响进餐的心情和氛围，在点菜时一定要心中有数，牢记以下三条原则：

（1）一定要看人员组成，一般来说，人均一菜是比较通用的原则。如果是男士较多的餐会可适当加量。同时，要看菜肴组合。一般来说，一桌菜最好是有荤有素，有冷有热，尽量做到全面。如果桌上男士多，可多点些荤食，如果女士较多，则可多点几道清淡的蔬菜。

（2）若是普通的商务宴请，可以节俭些。如果这次宴请的对象是比较关键的人物，则要点上几个够分量、拿得出手的菜。

（3）点菜前要对价格了解清楚，点菜时不应该再问服务员菜肴的价格，或是讨价还价，这样会让你在对方面前显得有点小家子气，而且被请者也会觉得不自在。

中餐和西餐，不一样的应酬之道

筷子有筷子的使用之道，叉子有叉子的应用之法。

因为文化的不同，东方和西方的宴请礼仪也不尽相同。在这里，我们将详细地为您介绍其中最重要的宴请礼仪，让您熟悉中餐和西餐不同的应酬之道。

1. 中式宴会的礼仪

中国人吃中餐，就像拿筷子夹菜一样轻松自如，还有什么不明白的地方？可是，真要上大场面，仔细寻思起来，也还有不少礼节必须再三小心。

入座之后，首先将餐巾打开平放在膝上，千万记住，那是用来擦手指或嘴唇的，可别把它挂在颈项之间。席间若奉上毛巾，多半是为了方便你擦去吃螃蟹、炸鸡等食物时手上所留的油渍，千万不能用作他途。

至于餐具的使用，须注意的原则是：能用筷子取的，应以筷子夹取，不方便用筷子的才用汤匙，但应避免用筷子或汤匙直接取菜送入口中，最好先置于自己的碗碟中，然后再慢慢吃。

用餐时，通常以右手夹菜盛汤，左手则扶碗、端碗，切忌右手拿筷，左手又持汤匙，更不可一手兼持筷子和汤匙。

用餐时，切忌狼吞虎咽，呼噜作声；骨头、鱼刺等不可吐在桌布上，而应置于盛装骨头的专用碟中；取菜时也不可拨弄盘中的食物，或是站起来取用远处的食物。

吃完之后，应该等到大家都放下筷子，以及主人示意可以散席，才可离座。

向主人告辞，你照例得和主人握手，握手要用力一点，以表示诚恳。如果多人轮候与主人握手告别，你只要和主人握手道别即可，不宜耽搁主人的时间。

2. 西式宴会的礼仪

参加西式宴会，首先应该向女主人打招呼，然后才轮到男主人。

西餐宴会中还有一个特点，就是席位的安排与中国人的宴会迥然不同。中国人请客一般都用圆桌，西餐是用长桌。男女主人，一般都是在长桌的两端，主宾的位子是在最接近主人的地方，女主宾坐在男主人的左边，而男主宾则坐在女主人的左边。最接近男女主人右边的位子，也是属于主宾的。

宴会中的席位，主人事先大多有安排，在入席前，你要先看你的名卡在哪里，然后入席，如果没有排定座位，而你又不是属于主宾，那你可以坐在远离主人的席位。但是，按照规矩，应该待主人或招待员请你上座时可入席，不可自己闯上去，否则会被人笑话。

上菜的时候，也是女性优先，第一个上菜的是男主人左手边的那位女主宾，其次是男主人右边的那位女主宾，接着是女宾依次上菜，等到女主人上菜后，才替女主人左边的那位男主宾上菜，依顺序轮下去，最后才是男主人上菜。等到女主人招呼吃菜时，客人才可吃，这时，女主人好像是一个司令官。在非正式的场合中，你有时不必等到每个人都上了菜才吃，但必须是你左右两人的菜已经上来，才可以动手吃。这也算是一个小礼貌。

正式的宴会，通常是由服务员用大盘盛着食物托到你的面前，由你自己取食物到碟子里。在这种情况下，通常在你的前面有一张餐单，你可以看餐单内容而考虑你的食量，不要取得太多。按照西方人的习惯，如果你吃不完而把东西剩下是很不礼貌的，这表示你不喜欢主人的菜式。

在西式宴会中，要是你迟到了，所有宾客都已经就座，在这种场合下，你要特别小心，不能惊动四座，也不能悄悄地溜入，连对主人也不敢望一眼，这样是很失礼的。你应该走近主人所指定的位置，向主人打招呼，然后坐下来，用点头方式和宾客们打招呼。这个时候，女主人招呼你时，她不必站起来，因为她一站起来所有的男宾客就必须站起来，未免太过惊动全座了。而在你的座位右边的一个男宾客，他就应该站起来，替你拉开椅子，你向他致谢后再坐下。

　　在宴会进行中，你应该和左右两侧的人轻轻说话，不可以隔着他们和另外的客人大声说笑。

　　口中咀嚼食物时不要说话。如果你需要一些酱料，而它们又不在你的面前，你不能站起来伸手去取，这样也是很不礼貌的，应该请邻座递给你。用完餐后，要等到主人宣布散席才可轻轻地离开座位。更重要的是，餐后必须逗留一段时间才可告辞回家，以示礼貌。

宴会结尾的应酬不可忽略

圆满地结束宴会也是要花点心思的。

俗话说："编筐编篓，重在收口。"宴会也不例外。有些人认为，宴会结束了就可以彻底放松下来了，不用再顾虑什么。其实不然，宴会的结尾应酬很重要，不能因为一时疏忽而使得自己之前费尽心思在宴请对象心里保持的良好形象瞬间崩溃。因此，圆满地结束宴会也是要花费心思的。

1. 宴会结束的时间

一般说来，当主人把餐巾放在桌子上或者从餐桌旁站起身来，即表明宴会结束。只有看到这种信号以后，宾客才可以把自己的餐巾放下，站起身来。

正餐之后的酒会的告辞时间按常识而定，如果酒会不是在周末举行，那就意味着告辞时间应在晚间十一时至午夜之间。若是周末，则可晚一些。除非客人是主人的亲密朋友，否则一般都不应在酒会的最后阶段还坐在那里。

2. 离席的先后顺序

当宴会结束，离开餐桌时，不应把座椅拉开就走，而应在自己走出坐席后再把椅子挪回到原来的位置。作为男士，要抓住这个表现绅士风度的机会。你可以帮助身边的女士移开座椅，然后在她离开以后再把座椅放回餐桌边。要注意，有些餐厅比较拥挤，贸然起身，或使手提包、衣服等掉落在地上，或是碰到人，打翻茶水、菜肴，出现这样的情况，常常会让人觉得失礼又尴尬！所以在离席的时候，一定要格外的小心，不要在最后的时刻还闹出这种不应该发生的"小插曲"。另外离席时一定要让身份高者、年长者和女士先走，贵宾一般是第一位告辞的人。

3．热情话别

当宾客离去时，宴会主人应像迎接宾客一样地站在门口与他们一一握别。当宾客成群离去时，也应送至门口，挥手互道晚安，并应致意说："非常感谢各位的光临，真谢谢你们把宴会的气氛维持得这样好。"或者为了以后还能有这样的宴请，也会直接表达说："感谢您的捧场，有您在，给大家增添了很多的欢乐，希望下次还有这样的机会跟您一起进餐。"等等。

在宴会结束以后，很多宴会主人会诚恳地挽留客人。可是，这样做也是要把握好分寸的。除非你知道对方在宴会之后没有其他的安排，并且不介意再多留一段时间，否则你千万不能这样说："现在还早得很，你绝不能这么早走，太不给我面子了！"尤其是在隔天还要上班的时候，这样做更是不礼貌的。要知道多数人次晨都要早起。

对于迟迟还不离去的客人，他们明显地热爱这气氛，这时你可停止斟酒或停止供糖果、瓜子等，以此暗示客人该是离去的时候了。

有的主人为每位出席者备有一份小纪念品。宴会结束时，主人招呼客人带上。除主人特别示意作为纪念品的东西外，各种招待品，包括糖果、水果、香烟等都不能拿走。